J. FOULHOUZE

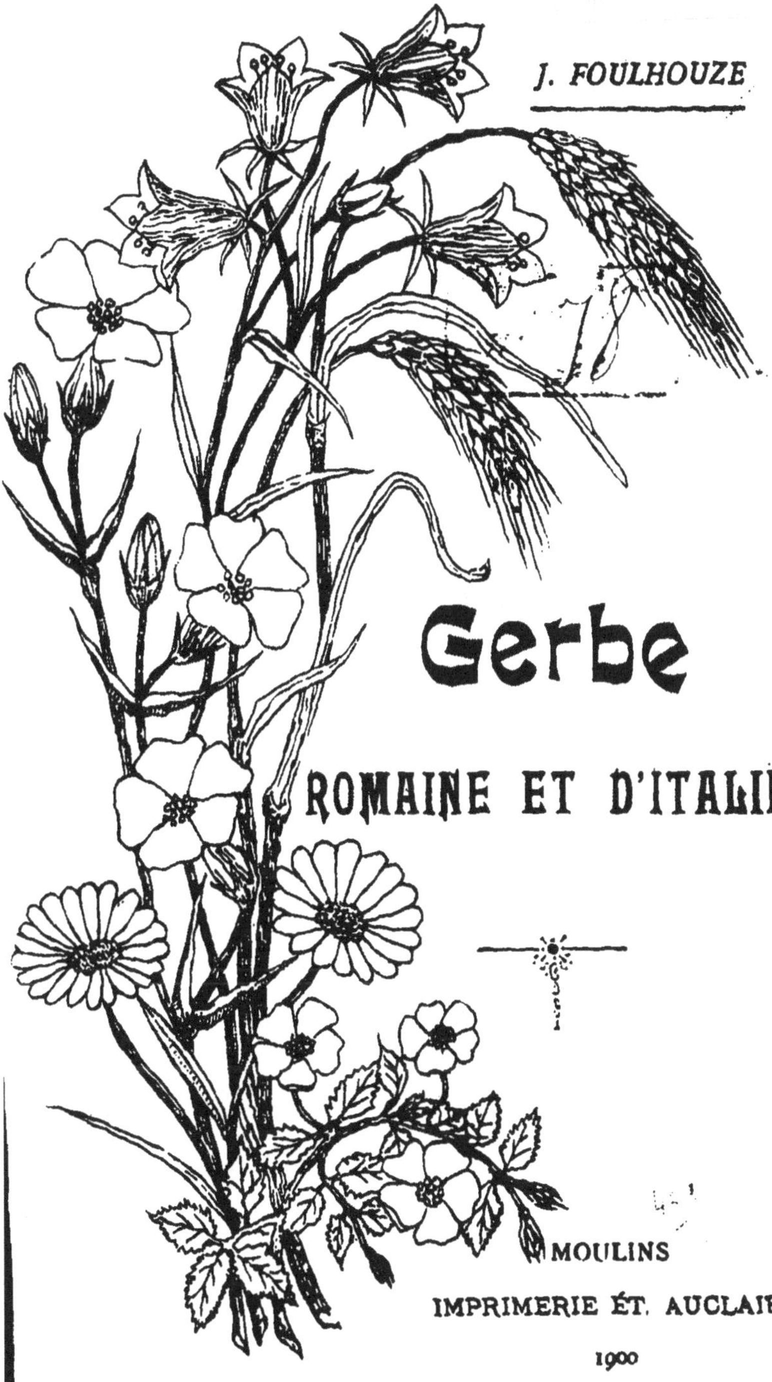

Gerbe

ROMAINE ET D'ITALIE

MOULINS

IMPRIMERIE ÉT. AUCLAIRE

1900

ND ROMAINE
ET D'ITALIE

J. Foulhouze

Gerbe Romaine
et d'Italie

Suite aux " Fioretti di Roma "

MOULINS
IMPRIMERIE ÉTIENNE AUCLAIRE
SUCCESSEUR DE C. DESROSIERS

A SON ALTESSE

LA PRINCESSE PIGNATELLI ANGIO

Princesse,

Vous avez daigné accepter la dédicace de ce nouveau livre de Fioretti di Roma. *C'est un honneur dont je suis fort touchée et profondément reconnaissante.*

Le premier volume était dédié à l'âme d'élite que nous pleurons : il est juste que le second le soit à celle qui était sa meilleure amie.

Son souvenir est un lien pour nos âmes, comme l'amour de Rome en est le nœud.

Puisse cet humble hommage vous être agréable, c'est le vœu de mon cœur.

J. Foulhouze.

LETTRE

De Monseigneur l'Evêque de Moulins

A L'AUTEUR

ÉVÊCHÉ DE MOULINS

Moulins, le 17 septembre 1899.

MADEMOISELLE,

La première série des Fioretti di Roma *n'avait pas épuisé, il faut croire, le riche sol où vous avez glané. Vous venez de cueillir une nouvelle gerbe de fleurs. Aussi vives de couleur, aussi suaves de parfum que leurs aînées, elles ne manqueront pas de charmer et embaumer tous ceux qui voudront se les offrir.*

Je souhaite que beaucoup d'acheteurs aient cette bonne inspiration. La réalisation de ce vœu vous vaudra d'avoir contribué, de la plus agréable manière, à vulgariser la connaissance de cette Rome, à laquelle on ne peut manquer de s'attacher davantage à mesure qu'on la connaît mieux. Mon récent voyage ad limina *m'a procuré le plaisir d'en faire à nouveau l'expérience.*

Montesquieu lui-même avait éprouvé ce sentiment lorsqu'il écrivait : « *Je sens que je suis plus attaché à ma religion depuis que j'ai vu Rome et les chefs-d'œuvre d'art qui sont dans ses églises.* »

Veuillez agréer, Mademoiselle, la nouvelle assurance de mes meilleurs et tout paternels sentiments.

† AUGUSTE, évêque de Moulins.

LETTRE

De Monseigneur l'Evêque de Tulle

A L'AUTEUR

ÉVÊCHÉ
DE
TULLE

Tulle, le 2 octobre 1899.

MADEMOISELLE,

Vous avez donné un titre aussi gracieux que modeste à votre ouvrage sur les monuments, les cérémonies, les personnages et les choses de Rome. Vos Petites Fleurs sont tout embaumées des plus doux parfums de la Ville Eternelle. La lecture en sera facile comme le style ; les descriptions et les récits y ont un intérêt varié et soutenu qui captive et charme l'attention ; l'admiration et l'émotion, quand il y a lieu, y sont communicatives. C'est l'œuvre vivante d'un témoin qui a vu et entendu, qui fait bien voir et entendre. Ceux même qui ont fait le pèlerinage de Rome seront heureux de vous lire *pour raviver leurs souvenirs et leurs impressions. Edifiante autant qu'intéressante et instructive, votre œuvre fera mieux connaître et aimer Rome, l'Eglise et le Saint-Père.*

Agréez, Mademoiselle, l'hommage de mes sentiments les plus respectueux.

† HENRI, évêque de Tulle.

PRÉFACE

On m'a demandé un second volume de *Fioretti di Roma* pour compléter le premier sur la Ville Eternelle.

Je veux bien répondre aux désirs de mes lecteurs, ce qui est un honneur pour moi, mais je tiens à les prévenir que, malgré les nouveaux chapitres que j'offre à leur bienveillance, je ne pourrai pas tout dire encore sur la capitale du monde chrétien, car elle présente au cœur comme à l'intelligence des horizons réellement infinis.

Je n'ai certes pas la prétention de parler de tous les monuments de Rome. Mon ouvrage n'étant ni un guide de touristes, ni un récit de voyages, il consiste en des impressions personnelles sur ce qui m'a le plus frappé dans la visite des lieux, dans l'appréciation des situations et des faits. Beaucoup d'auteurs ont écrit sur Rome, mais tout en partant du même point, tout en s'appuyant sur les mêmes principes, chacun porte ses idées propres; ce qui préoccupe celui-ci offre moins d'intérêt à celui-là ; ce qui échappe à l'un est vivement senti par l'autre, et de là résulte certainement une immense variété dans l'expression de ces impressions de nature si diverse. Mes humbles fleurs cueillies çà et là donnent une idée vraie de la Ville Eternelle ; elles ont pour but de la faire mieux connaître et de la faire mieux aimer, mais non d'en décrire minutieusement les innombrables beautés. Quand on va dans un jardin pour cueillir une gerbe, on ne prétend pas en couper toutes les fleurs, mais on choisit celles qui plaisent davantage. Ainsi ai-je fait pour mon ouvrage. J'ai glané dans le vaste champ de Rome les épis les plus beaux, les fleurs les plus odorantes, et je les présente à mes lecteurs pour qu'ils jouissent de leur parfum et goûtent de leur suavité.

J. F.

GERBE ROMAINE ET D'ITALIE

I

LES THERMES DE DIOCLÉTIEN. — « SANTA MARIA DEGLI ANGELI »

ARTIR pour aller à Rome, c'est aller à la conquête d'une des plus grandes jouissances réservées ici-bas à un esprit cultivé et à une âme chrétienne. Je ne connais rien de plus doux qu'un tel voyage, surtout quand on le fait avec des amis en communauté de goûts et de croyances, quand l'échange des idées affermit les admirations, communique les enthousiasmes et double les impressions en les faisant partager.

Tous les jours se montre à l'œil ravi quelque chose de nouveau et de remarquable ; tous les jours des images fraîches, grandes, merveilleuses, et un ensemble pensé et rêvé depuis longtemps, mais qu'aucune imagination ne pourra jamais atteindre. Il n'y a rien d'étonnant, puisque Rome dispose de tout en souveraine. Elle voit accourir tous les hommages ; elle puise à tous les trésors, sait rendre au génie les honneurs qu'il mérite, en gardant ses œuvres dans ses églises et dans ses musées, en donnant à l'artiste une sépulture à l'ombre des autels. L'artiste véritable n'est-il pas, en effet, un envoyé qui porte un message de Dieu ?... C'est pourquoi, on voit la tombe de Raphaël à Sainte-Marie des Martyrs ; celle de Jean de Fiésole à la Minerve ; à Sainte-Martine, Pierre de Cortone s'est fait un tombeau papal ; à Notre-Dame des Anges est enseveli Salvator, etc.

Qui est-ce qui n'a pas visité, à Rome, cette église étonnante de Sainte-Marie des Anges, chef-d'œuvre de l'art antique modernisé, c'est-à-dire christianisé ? On la doit au génie combiné du Pape Jules II et de Michel-Ange, comme on leur doit Saint-Pierre. Construite sur les thermes du plus acharné persécuteur des chrétiens, Dioclétien, elle montre le triomphe et la noble vengeance du christianisme.

Ces bains, les plus spacieux de Rome, pouvaient contenir jusqu'à trois mille deux cents baigneurs et renfermaient, outre un grand nombre de statues, une longue galerie de tableaux, un théâtre et une bibliothèque.

Au XVIe siècle, on en arracha plus de deux cents colonnes ; huit restaient encore debout, formant une seule ligne de leurs gigantesques troncs de granit gris.

Le Pape y alla un jour avec Michel-Ange : « Saint-Père, dit l'artiste, de ce qui reste ici, je me chargerai volontiers de faire une église ? » Le Souverain Pontife, qui désirait élever à la Reine des cieux un temple digne d'elle, lui répondit : « Fais. » Et la pinacothèque de Dioclétien devint Sainte-Marie des Anges. Sans rien changer, sans rien détruire, le grand artiste donna à Rome étonnée un des plus beaux temples réguliers dont elle ait le droit de se vanter. Il avait alors vingt-six ans.

Lorsque je pénétrai sous ces belles voûtes, qui reposent sur des colonnes séculaires, rondes, presque sans ornement, assises dans toute leur puissance et leur majesté, soutenant cette salle immense, longue de deux cents pieds, je restai saisie d'étonnement et d'une religieuse émotion. Tout, dans le silence sacré de ce lieu, semble parler des choses éternelles. Le passé de la ville des Césars s'y confond avec la jeunesse immortelle de l'Eglise.

Tout ici est grand pour les yeux, grand pour l'esprit, grand pour le cœur. Ces ruines des thermes de Dioclétien, restaurées, ressuscitées par le souffle chrétien, réunissent, dans leur forme nouvelle, l'élévation et la pure beauté du génie catholique avec l'aspect massif et sévère des vieux monuments romains.

Une salle circulaire, entourée d'autels et de précieux tombeaux, sert de vestibule à Sainte-Marie des Anges. Là dorment un grand nombre de cardinaux, entre autres Son Eminence Alciati, qui domine de son buste de marbre blanc cette sublime inscription :

> Il a vécu dans la vertu ;
> Il vit dans le souvenir des fidèles ;
> Il vivra éternellement dans la gloire.

Là encore repose Carle Maratte, doux et humble

comme les fleurs de l'Ombrie ; pur dans sa vie, modeste dans ses mœurs, il sut se faire chérir de ses contemporains.

Je passe en revue toute une suite de belles toiles qui me captivent : La « Chute de Simon le Magicien » ; le « Vénérable Nicolas Albergati » que Giorgini représente demandant à Henri VIII ce qui pourrait le ramener au catholicisme. « Faites devenir noir ce pain blanc que porte mon page, répond le roi anglais », et, le saint traçant un signe de croix sur le pain il devint noir. — « Saint Pierre rendant la vie à Tabithe », de Mancini ; le « Baptême de Notre-Seigneur », par Carle Maratte ; « Ananie et Saphire », peints sur ardoise par Roncolli, etc.

Mais la merveille de cette église, c'est la statue, en marbre, de saint Bruno, qui se tient immobile près de la porte du temple dont il semble garder l'entrée. Je ne sais quelle impression il produirait ailleurs ; à cette place, il est merveilleux. Debout, les mains reposent sur ses bras croisés ; enveloppé de sa longue robe sans plis, il est sublime de grandeur, de simplicité, de recueillement ; des pieds à la tête, il médite, il prie, il adore !... Qui lui a donné ce souffle de vie ?... J'aime à le dire, c'est le ciseau d'un grand artiste français, Houdon de Paris.

L'heureux artiste y mit une telle perfection que l'on comprend, en voyant ce chef-d'œuvre, le mot charmant et profond du Pape Clément XIV : « Il parlerait si la règle de son ordre ne lui prescrivait le silence ! »

Sainte-Marie des Anges, avec sa tribu de petits oiseaux s'ébattant à loisir, mêlant leurs voix joyeuses aux graves notes des Chartreux qui desservent cette église, possède encore un riche trésor de martyrs, dont les os meurtris furent ravis aux catacombes. J'ai pu les vénérer dans une petite chapelle attenant au chœur, où ils étaient exposés ce jour-là.

Le couvent, bâti également sur l'emplacement des thermes, renferme un cloître admirable, suspendu à cent colonnettes de travertin que protègent à son centre quatre cyprès plantés par Michel-Ange.

Il n'est pas étonnant qu'on se plaise à Rome : partout les yeux rencontrent quelque chose d'aimable, d'illustre et de grand. Quant à moi, j'ai tout retrouvé ici ; j'ai trouvé Dieu, l'art, l'histoire... Tout m'a parlé, m'a consolé. J'ai revu la terre souriante et le ciel serein. Nul pays où l'on se sente mieux chez soi et dont il soit plus facile de faire sa patrie. Combien de savants, d'artistes, de chrétiens venus à Rome en pèlerinage, et qui, saisis par cet attrait invincible, n'en sont jamais sortis ! Et ceux que les circonstances obligent de quitter cette cité reine, ne le font pas sans déchirements et sans regrets. Toujours ils la revoient dans leur pensée ; sans cesse ils la retrouvent en tête de leurs plus chers souvenirs. Que dis-je ? on l'emporte avec soi en partant, avec la foi catholique et la communion à l'Eglise romaine. « Rome alors nous reste dans le sens le plus élevé du mot », a dit Mgr Gaume.

Je revins de Sainte-Marie des Anges par le beau quartier qui descend de *Monte-Cavallo*, à mi-pente entre le Quirinal et l'inoubliable place Trajane. J'entrai dans l'église des saints Dominique et Sixte qui appartient au très noble couvent des religieuses Dominicaines.

Elle est richement ornée et possède une relique précieuse : la main de sainte Catherine de Sienne.

Cette main est parfaitement conservée ; les doigts sont intacts, effilés et recouverts de leur peau. On voit très bien la place des stigmates : la fente n'est pas entièrement fermée. Je ne saurais rendre l'impression que la vue de cette main me causa ; cette main que Dieu, depuis tant d'années, préserve de la corruption ; ce doigt auquel il a passé l'anneau mystique, comme gage de son amour pour celle qu'il épousa dans la foi, et dont un magnifique tableau, placé au-dessus de l'autel, représente la scène touchante.

La chapelle du Rosaire attire aussi mon attention. Une belle peinture reproduit l'apparition de la Sainte Vierge remettant à son dévot serviteur, Dominique de Gusman, l'arme bénie du Rosaire, par laquelle elle veut sauver le monde. Ce tableau est sublime d'expression et de sentiment.

Dans la chapelle de Sainte-Madeleine, protectrice de l'ordre des Frères Prêcheurs, j'admire la statue de Notre-Seigneur apparaissant après sa résurrection à l'heureuse pénitente, prosternée à ses pieds dans l'extase de l'admiration et de l'amour. Ce groupe est vivant ; il semble qu'on entend Notre-Seigneur s'écrier : « Marie ! », et Madeleine répondre : « *Rabboni*, bon Maître ! »

En sortant de cette délicieuse église, dont la façade est une des meilleures de Rome, composée de deux ordres de pilastres corinthiens et composites avec niches, statues et un double escalier, je m'arrête sur le carré, d'où l'on voit une grande partie de la ville, et au loin l'immense campagne. Il semble que le désir de demeurer là suffirait pour inspirer une vocation à la retraite. Tout ce que l'on voit est aussi beau que sonore, aussi sonore de couleur que d'histoire. Quelle histoire illustre !... Et comme ce livre, si vieux, si plein et si vivant de Rome, remplit la mémoire et le cœur d'ineffaçables souvenirs !...

J'aperçois, à gauche, la jolie église de Sainte-Catherine de Sienne, réunie au vaste couvent des Dominicaines, qui ont cloîtré avec elles une singulière recluse qu'on s'étonne de trouver là : c'est une grande tour tronquée, en briques, qui s'élève dans leur cour ; de ce point élevé, on voit très loin dans Rome. C'est la plus belle tour du moyen âge que possède la Ville Eternelle en ce genre, et je regrette qu'elle soit ainsi cloîtrée, ce qui m'empêche d'y monter et d'y avoir une superbe vue de Rome et des environs. Le peuple l'appelle *Torre di Nerone*, et croit que l'empereur, debout à son sommet, jouait de la lyre, tandis que, par ses ordres, la ville était livrée aux flammes.

L'intérieur de l'église Sainte-Catherine est, comme celui de sa voisine, tout de marbre et d'or. Elle possède aussi une relique vénérable : l'épaule de la sainte dont Sienne s'honore. Au-dessus du maître-autel, on voit l'apothéose de cette illustre vierge, gloire de l'ordre des Frères Prêcheurs. Elle s'élance vers le ciel dans un élan d'amour extatique. La statue est due au ciseau de l'artiste Cafà.

Voilà les gloires de Rome, ses merveilles, ses trésors ; voilà ce qui enchante et exerce sur la vie entière des pèlerins roméens une influence bénie !

II

LE CAPITOLE

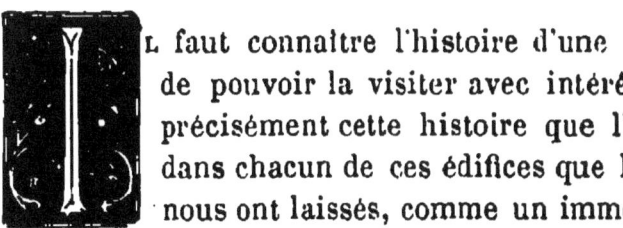IL faut connaître l'histoire d'une ville, afin de pouvoir la visiter avec intérêt, et c'est précisément cette histoire que l'on étudie dans chacun de ces édifices que les siècles nous ont laissés, comme un immortel souvenir de la grandeur de Rome. Histoire merveilleuse qui se lit dans un poème de pierre et de marbre et se chante dans une harmonie de couleurs. La Rome moderne nous montre son Saint-Pierre, la plus merveilleuse fleur du sol romain, fleur qui exhale son parfum perceptible aux sens, comme une enveloppe matérielle des grâces spirituelles que l'âme y peut puiser : la Rome ancienne lui oppose son Panthéon et tous ses débris, son Capitole où autrefois les grands hommes furent acclamés, temple où le triomphateur répandait l'orgueil de ses actions de grâces, attendant pour en sortir qu'on vienne lui dire ce mot : « *Actum est ; c'est fini !* » ; celui qui a osé combattre Rome est mort !

L'ensemble des bâtiments du Capitole d'aujourd'hui

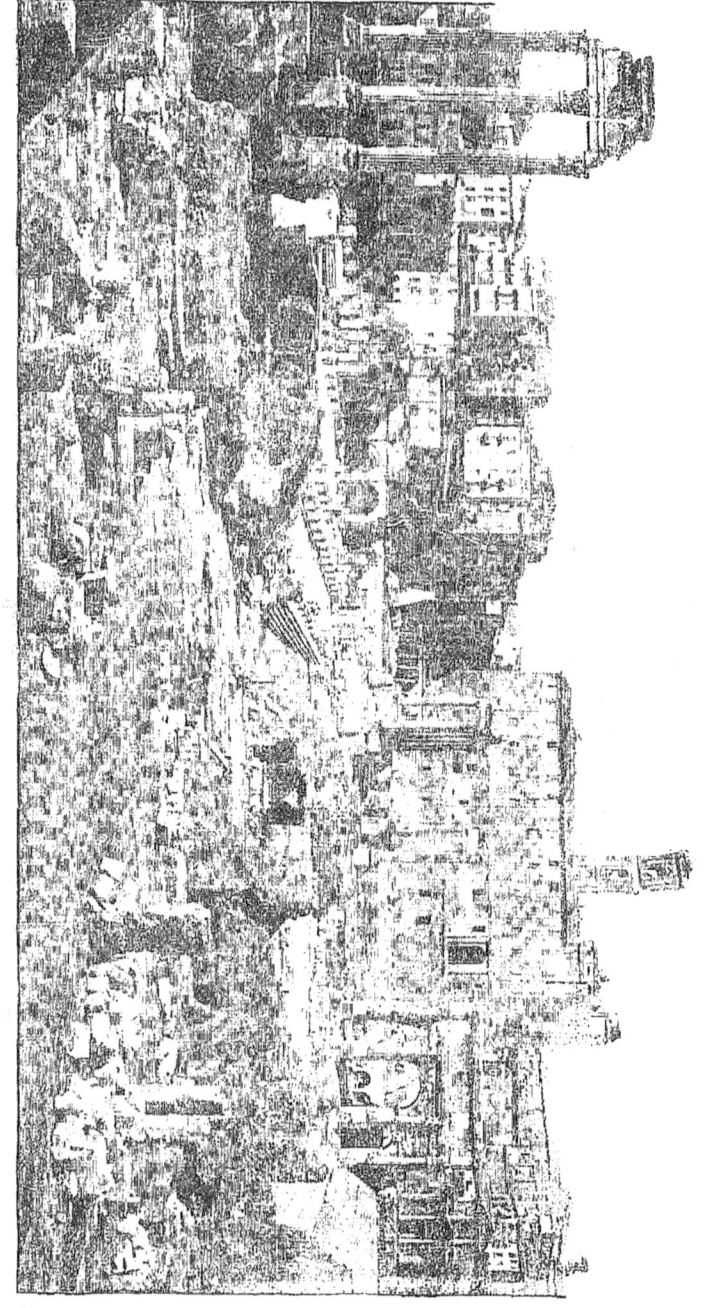

LE FORUM ET LE CAPITOLE

ne répond guère à l'idée qu'on se fait d'un lieu où était la « Roche Tarpéienne », et qui, couronné d'une citadelle inexpugnable, entouré de précipices, annonçait la force, la violence, les conquêtes, la victoire. La Croix, symbole de paix et de concorde, en changeant les opinions des hommes, a changé aussi la forme des choses. Dès sa fondation, le nom même de *Capitole* était un présage. Sa roche immobile figurait la pierre éternelle qui sert de base au Vatican. Maintenant il est un des plus agréables endroits de Rome. Michel-Ange, en esprit élevé, sut mettre cette fois l'architecture en harmonie avec le temps. Dans cette circonstance, il abandonna exprès son style terrible pour faire au Capitole des édifices gracieux destinés aux arts et à la paix, aux chants des poètes, aux études des académiciens, aux sièges des administrateurs de la municipalité de Rome.

Me voici au pied du grand escalier. A la naissance de la rampe qui conduit à son sommet, deux lions de granit noir, style égyptien, semblent garder l'entrée de ce lieu, qui résumait en quelque sorte toute la puissance et toutes les gloires de Rome guerrière et civilisatrice. La fonction qu'ils remplissent est en rapport avec le Capitole actuel, elle est toute pacifique et joyeuse. Ils jettent de l'eau par la gueule. J'arrive sur la place, devant la statue équestre de Marc-Aurèle, en métal corinthien, si pleine de vie et de noblesse qu'on la regarde comme une des plus belles œuvres que l'antiquité nous ait léguées. Il y a tant de naturel dans la pose du cheval qu'on est tenté de lui dire : « Marche donc !... oublies-tu que tu vis ?... »

Au fond de la place, s'élève le palais sénatorial. La façade extérieure est décorée d'une superbe fontaine ornée de trois statues. A gauche, est le musée Capitolin ; à droite, le palais des Conservateurs.

J'entre au musée des Sculptures. Tout porte, à Rome, l'empreinte de la domination et de la durée ; j'ai vu la carte de la Ville Eternelle tracée sur des roches de marbre, afin que son image même ne pût s'effacer.

Je regarde avec intérêt le gladiateur gaulois mourant. Il était impossible de mieux rendre le sentiment de la vie qui s'en va avec le sang.

J'admire un sarcophage en marbre grec, dont un bas-relief représente le combat des Romains et des Gaulois ; c'est un travail prodigieux ; puis le Faune en rouge antique, trouvé dans la villa d'Adrien.

Le musée de peinture du Capitole offre une foule de tableaux captivants : un portrait de Michel-Ange, par lui-même ; un paysage de Claude Lorrain et surtout la « Sainte-Pétronille », du Guerchin.

Pétronille, la fille de saint Pierre, était fiancée à Flavius, fils d'un patricien romain. Pendant une absence du jeune homme, Pétronille voua à Dieu sa virginité et obtint de mourir avant son mariage.

Quand Flavius revint à Rome et apprit que sa fiancée était morte, il la fit déterrer, dans l'excès de sa douleur, pour s'assurer de la vérité qu'il ne pouvait croire et pour contempler encore une fois les traits de celle qu'il aimait.

Tel est le sujet de la vaste composition du peintre bolonais.

Au premier plan, on voit les fossoyeurs ouvrir la

fosse, et le corps de la vierge apparaît aux yeux de son fiancé, jeune, élégant, vêtu à la mode du XVIᵉ siècle. En haut, dans le ciel, l'âme de Pétronille, libre, triomphante, s'élance vers le Christ qui lui tend les bras.

Le Guerchin a mérité ici le surnom de « Magicien de la peinture ».

Dans la salle des grands hommes, je remarque les bustes du Dante, de Pétrarque ; celui du général Oudinot, duc de Reggio, nommé citoyen romain après la prise de Rome. Il a son nom inscrit au Capitole, à côté de ceux dont la Ville Éternelle garde le souvenir.

Au palais des Conservateurs, je vois une statue de César, le seul portrait authentique qu'on ait de ce héros.

La première salle, peinte entièrement par Arpino, redit les principaux traits de l'histoire romaine, tels que « Romulus et Rémus », le « combat des Horaces et des Curiaces », le « sacrifice de Numa », l' « enlèvement des Sabines ».

Je me suis arrêtée devant la « louve » antique de bronze, allaitant Romulus et Rémus, et j'ai contemplé longuement les statues colossales de Léon X, d'Urbain VIII et d'Innocent XI.

Enfin, je monte au sommet de la haute tour carrée qui domine le Capitole et la ville, et qui renferme la *Paturina*, la grosse cloche prise au moyen âge sur les Viterbois, et qui a le privilège bizarre de sonner la mort du Pape et l'ouverture du Carnaval. Au faîte de la tour, s'élance une statue de Rome antique, aux mains de laquelle on a mis une énorme croix en fer. C'est bien là le symbole de la Ville Éternelle !

De cette hauteur, le livre immense de Rome se déroule à mes yeux et à ma pensée. Comme il dégoûte des vaines et frivoles lectures, et combien il est instructif quand la main de la Vérité vous en tourne les pages ! Je puis compter les sept collines sur lesquelles Rome est assise, avec ses églises aussi nombreuses que les jours de l'année, ses monuments que la main du temps a souvent rendus plus grandioses que celle de l'homme. Je vois le Tibre, qui se déroule comme un long ruban à travers la cité, et dont je puis apercevoir longtemps les nappes brillantes s'étendant librement dans la campagne et allant à Ostie rejoindre la mer.

La campagne romaine m'apparaît comme une plaine immense, un véritable désert, auquel les montagnes du Vatican font une splendide bordure.

III

SAINTE-MARIE DES MONTS. — LE PAUVRE DE JÉSUS-CHRIST

ui, Rome est belle, et, de plus, elle possède un charme inexprimable, infini!... On pourrait s'ennuyer à Londres ou à Paris, de Londres et de Paris : à Rome et de Rome, jamais ! En saurait-il être autrement dans cette ville aux grandes émotions, aux grands sentiments, aux grands souvenirs ; dans cette patrie des arts, dans cette métropole du monde, dans cette cité des saints ?

Chaque jour on découvre une nouvelle merveille, un sanctuaire ignoré, une relique précieuse !...

Un matin, je m'étais égarée dans un des vieux quartiers de la Ville Eternelle, la *Via Dei Monti*. En la parcourant, j'aperçus une église d'apparence modeste. J'y entrai... J'admirai d'excellents tableaux, mais surtout une antique image de la sainte Vierge, placée sur le maître-autel. Cette image est en grande vénération. Voici son origine : Il y avait autrefois en ce lieu une église et un monastère de Clarisses fondés du temps de saint François d'Assise et qui furent ensuite transportés à Saint-Laurent *in Paneperna*. Dans les bâtiments du couvent, changés en greniers à foins, était restée une image de la sainte Vierge que Dieu voulut rendre chère à la dévotion des fidèles. La première faveur fut obtenue en 1577, et les grâces qui se succédèrent bientôt, en grand nombre, furent si remarquables, les aumônes devinrent également si abondantes qu'on parvint à reconstruire l'église et à doter le clergé appelé à desservir le nouveau sanctuaire. Il fut nommé : *Santa Maria dei Monti,* Sainte-Marie des Monts.

Une tombe l'a rendu célèbre : c'est celle d'un enfant de notre France, du bienheureux Benoît-Joseph Labre, dont Boulogne s'honore et que l'Eglise a mis au nombre de ses saints, sous le pontificat de Léon XIII. Une inscription noble et simple indique le mausolée de l'humble serviteur de Dieu. Je le vis couché sur la pierre avec ses habits de pèlerin, un lis entre les mains, un rosaire à son côté ; sa figure est angélique ; on prie avec bonheur près de ses restes vénérés.

Or, cet homme, que fut-il en ce monde ? Un personnage illustre par ses richesses et par sa naissance ? Un grand, un puissant, un savant du siècle ? Non, Benoît-Joseph ne fut rien de tout cela. Il se sanctifia, comme Marie, dans une perpétuelle vie de prière. Il vécut à l'exemple de Jésus dans l'abjection et la souffrance. Labre se réduisit volontairement à la condition d'un pauvre mendiant sans asile. Il embrassa l'extrême pauvreté, distribuant aux pauvres les aumônes qu'on lui donnait et se nourrissant de débris ramassés dans les rues.

Il finit par mourir d'inanition et de misère sur un lit d'emprunt, après une défaillance qui le prit ici, devant cette Madone où il pria si souvent et aux pieds de laquelle son corps repose aujourd'hui.

Cet humble et glorieux serviteur de Dieu naquit le 26 mars 1748, dans le village d'Amettes, ancien diocèse de Boulogne-sur-Mer. Après une enfance passée dans la piété, il voulut se consacrer au Seigneur dans l'état religieux chez les Chartreux d'abord, puis à la Trappe. Des circonstances ménagées par Dieu pour d'autres desseins l'en empêchèrent. Le Seigneur daigna ouvrir à son esprit un horizon nouveau, lui faisant connaître la voie des pèlerinages que ses haillons de pauvre devaient triomphalement parcourir parmi toutes les humiliations.

C'était en premier lieu le chemin de l'Italie. A Rome, il allait trouver le couronnement et l'épanouissement de la sainteté. Va donc à Rome, noble fils de la France! A Rome, on te nommera le saint français et, pour la France, tu seras un saint romain ; tu seras le signe, tu porteras l'espérance de l'heureux retour de ta patrie à la Chaire de Pierre, à l'intégrité de l'esprit catholique que ta vie admirable lui a peut-être méritée !

A partir de ce jour, il obéit à l'inspiration divine, il traverse toute l'Italie, toujours à pied, en prenant les chemins les moins fréquentés. Vagabond aux regards du monde, pénitent sous les yeux des anges, chargé du rayonnant fardeau des abjections de la Croix, il arrive à Lorette où sa dévotion rencontre l'incomparable relique de la *Santa Casa :* les nuits se passent en plein air, les jours ne suffisent pas à ses prières. Le 18 novembre, il est à Assise, au tombeau du grand patriarche saint François, dont il reçoit le cordon qu'il portera jusqu'à la mort.

Enfin le 3 décembre 1770, il entre dans cette Rome qui va devenir le centre de toute sa vie. On le voit dans les églises, aux pieds des Madones vénérées, il prie toujours ; pour gîte il a choisi l'excavation d'une muraille du Colisée, dans cette arène où combattirent ceux qui ont vaincu le monde. Il y dormait sur la terre nue.

Rome le comprenait et l'admirait. Celui qu'on appelait le pauvre était devenu un de ses ornements sacrés ; elle considérait comme une de ses protections auprès de Dieu, ce juste assidu à la prière. Car la prière constante du juste est puissante devant Dieu !

L'année suivante, il retourne à Lorette ; puis, côtoyant l'Adriatique, il s'arrête au Mont Gargan, célèbre pèlerinage en l'honneur de saint Michel. De là il se rend à Bari, ville illustrée par le tombeau de saint Nicolas, d'où découle aujourd'hui encore une eau miraculeuse. Puis c'est le Mont Cassin, Naples et saint Janvier.

Il se dispose ensuite au plus long de tous ses voyages, celui de Saint-Jacques de Compostelle, en Espagne ; il traverse la France, s'arrête à Moulins où il loge dans un grenier, et va à Paray-le-Monial pour y vénérer le berceau du culte du Sacré-Cœur.

Le grand pèlerin rentra à Rome le 7 septembre 1775, il y demeura jusqu'au commencement de l'année 1776 qui fut marquée par de nouvelles courses dans toute l'Italie et en Suisse jusqu'à Einsiedeln, autrement Notre-Dame des Ermites ; Lorette, comme d'habitude, en avait été la première station.

Ce fut le dernier grand pèlerinage. Il revint à Rome. Ses voyages étaient finis, sa pénitence continua ou plutôt commença. Il vivait d'aumônes et de débris ramassés sur la voie publique. Sa vie était un martyre perpétuel et une continuelle oblation de prières, à peine interrompues par quelques heures de sommeil. Cet homme qui allait pieds nus, revêtu d'un habit pauvre et déchiré qu'il ne quittait point, mais que Dieu glorifiait dès son vivant, fut pour le siècle voluptueux et sensuel où il naquit, un exemple admirable et digne des plus beaux jours de l'Eglise.

Il passait des matinées entières à Sainte-Marie des Monts, devant sa chère Madone, plongé dans de longues oraisons. Sous le péristyle, on le revoyait sans cesse, vivant plus de Dieu que de pain, assister une foule d'indigents des aumônes que lui prodiguait la compassion des fidèles.

Enfin le Mardi-Saint de l'année 1783, il revint péniblement à Notre-Dame des Monts et, après avoir entendu deux messes, il tomba en défaillance sur la porte du sanctuaire où il avait tant aimé, tant souffert. C'est là qu'un ami, le boucher Zaccarelli, vint le prendre et l'emmena dans sa maison située à peu de distance ; à 8 heures du soir, il rendait le dernier soupir, à l'âge de 35 ans et 21 jours.

Quand la nouvelle de sa mort se répandit, toute la ville fut émue, depuis les ambassades des grandes puissances jusqu'au Vatican. Le cri : *le saint est mort !* retentit dans les mille recoins de la cité. Toutes les classes de la population accoururent à l'église où ses restes mortels étaient exposés, et Dieu permit que de son corps couvert de plaies et de vermine, il sortit une huile mystérieuse qui remplit le sanctuaire et enivra les assistants d'un parfum délicieux.

Le mendiant sordide avait terminé sa vie comme il l'avait passée ; aux yeux du monde, nul n'était plus digne de mépris.

Or, aujourd'hui, ce pauvre, ce misérable, ce méprisé, jouet de la populace, est placé sur les autels, et la chrétienté tout entière proclame la grandeur du saint mendiant et pèlerin Benoît-Joseph Labre.

La chambre où ce bienheureux passa du temps à l'éternité se trouve au premier étage d'une maison devenue, depuis 1887, la propriété des Pères de Lourdes. Elle est située *via dei Serpenti*, n° 3. Les pèlerins de la Ville Eternelle ne manquent pas d'aller la visiter. Le saint est représenté sur son lit de mort, sous la forme d'une statue de marbre, à l'endroit même où il expira. On y conserve plusieurs de ses hardes. C'est un des lieux de Rome où la piété des fidèles peut facilement trouver matière à grande édification.

L'arcade du Colisée où se réfugiait le héros martyr de la pauvreté et de l'humilité chrétienne, est devenue une chapelle, un sanctuaire dans le sanctuaire.

Au milieu des injures que lui adresse l'esprit moderne, ennemi furieux de la pauvreté, Rome n'a pas craint de tant honorer l'homme de rien, qui sut être cette chose si grande sur la terre : *Un pauvre de Jésus-Christ !*

IV

LES JEUX DE LA PLACE NAVONE

 Rome, on est ébloui de chefs-d'œuvre, écrasé de souvenirs ; on n'entend de toutes parts que la voix majestueuse des eaux jaillissantes absorbant tous les autres bruits de la grande cité. C'est une musique grandiose faite à la taille de Rome, cette mère de toutes les gloires. Allons aujourd'hui l'entendre à la place Navone, l'ancien cirque Agonal, dont elle conserve encore les formes elliptiques, les maisons ayant été construites sur les fondements des gradins. Trois fontaines y coulent gracieuses ; celle du milieu, réputée chef-d'œuvre du Bernin, s'élève sur un rocher percé à jour, laissant échapper quatre torrents, où un cheval marin et un lion de Numidie semblent venir s'abreuver tranquillement ; aux quatre coins paraissent les gigantesques statues de la Plata, du Gange, du Danube et du Nil. Ce bizarre édifice contient un obélisque haut de seize mètres, couronné d'une croix.

On raconte qu'Innocent X étant venu en visiter les travaux, demanda avec anxiété quand arriveraient les eaux. « — Bientôt, répondit Bernin. » Et le Pontife lui donnant sa bénédiction, se retirait. Soudain, le bruit des flots comprimés réjouit au loin les échos d'alentour. Innocent se retourne, et dans sa joie il s'écrie : « — Bernin, vous êtes toujours le même ; avec votre surprise, vous m'avez donné dix ans de vie. »

Les petites fontaines des deux extrémités sont dues à Clément XIII ; celle de gauche lance ses gerbes d'argent dans un vaste bassin de marbre ; l'autre retombe en neige dans une précieuse urne de Santa Porta.

Ces trois fontaines ne servent pas seulement d'ornement à cette belle et vaste place, mais elles font chaque année, à l'époque des fortes chaleurs, la joie du peuple romain si avide de plaisirs et d'amusements de toutes sortes, car Rome n'est nullement ennemie des distractions innocentes ; je crois même qu'il n'est aucune ville dans le monde où les divertissements de ce genre soient plus communs et plus accessibles à la multitude.

Aussitôt qu'Août vient embraser Rome de son haleine tropicale, on bouche chaque samedi toutes les issues par lesquelles s'écoulent les eaux de ces fontaines qui inondent alors la place, et, comme le terrain est légèrement déprimé vers le milieu, il ne tarde pas à se former un immense lac où vont se réfléchir le palais Pamphili, l'église Sainte-Agnès avec ses deux tourelles et les autres maisons formant le cercle, comme Gênes sur son beau port. C'est là qu'à un moment donné, pendant que la musique installée sur une estrade, exécute les airs les plus joyeux et les plus entraînants, toutes les voitures et tous les chevaux de Rome viennent s'ébattre et se divertir. Le samedi, c'est le tour de l'artillerie, des dragons, des voitures de places ; le dimanche est réservé aux beaux équipages et aux élégants destriers.

Tandis que chevaux et voitures font jaillir l'eau et s'éclaboussent les uns les autres, les petits garçons bondissent comme des grenouilles dans le lac et achèvent de poétiser le tableau, en envoyant une pluie importune sur les passants et les curieux, et les balcons de siffler ou d'applaudir, selon leur succès, ces tritons vivants, ces naïades et ces amphitrites. Impossible d'exprimer les trépignements de joie de la foule quand les chevaux, réjouis par la fraîcheur, caracolent, ou, effrayés, s'effarouchent. Ce sont d'interminables éclats de rire de la part des spectateurs de cette étrange partie de plaisir dont l'enthousiasme ne connaît plus de bornes lorsqu'un cheval capricieux jette à l'eau son fashionable cavalier. Cela s'est vu quelquefois et il n'y a d'égal au bonheur du public que le dépit et la honte du pauvre désarçonné.

Mais au milieu des fêtes de cette place apparaît un grand souvenir absorbant tous les autres : sainte Agnès, jeune et admirable martyre de treize ans dont la superbe église s'élève au-dessus du lieu sanctifié par son contact et son sang.

L'intérieur est orné de huit colonnes corinthiennes, de marbre, de stuc doré, de nombreux tableaux. Les fresques du dôme sont splendides.

Je suis descendue sous les voûtes sombres où le glaive vint faire tomber la tête d'Agnès, heureuse de contempler les vieilles mosaïques témoins de sa victoire, le pavé qu'effleurèrent ses pieds nus ; chacune de ces pierres antiques me frappa plus vivement encore que les bas-reliefs de l'Algarde qui en retracent l'histoire émouvante.

Il est digne de remarque qu'on ne vit jamais ni faibles femmes, ni vierges timides trembler et renier leur foi au milieu des supplices ; « ce qui prouve une fois de plus, a dit Mgr Gaume, que Dieu se plaît à se servir des humbles ».

Vis-à-vis l'église de Sainte-Agnès, la France est représentée dignement par le gracieux sanctuaire dédié à Notre-Dame du Sacré-Cœur. Voilà comment il devint la propriété des Missionnaires du Sacré-Cœur d'Issoudun.

Cette antique église s'appelait autrefois Saint-Jacques des Espagnols. Elle avait été mise en vente par le gouvernement espagnol d'alors. Des protestants se présentaient pour l'acquérir afin d'en faire un temple ; d'autres la convoitaient pour la convertir en théâtre ou en marché public. Le Souverain Pontife se montra justement alarmé en voyant que ce vaste sanctuaire, si remarquable par son architecture, les chefs-d'œuvre qu'il renfermait et les glorieux souvenirs qui s'y rattachaient, allait être profané ou détruit. Dans sa sollicitude, il jeta les yeux sur les Missionnaires d'Issoudun, pour sauver de la ruine et du sacrilège l'église de Saint-Jacques et fit écrire au Père Chevalier, supérieur général de la congrégation naissante, « qu'il serait très heureux de
« voir sa société acheter Saint-Jacques, et que, dans ce
« cas, il promettait sa coopération. » Le Très Révérend

Père et ses assistants voyant, dans les avances de Sa Sainteté, l'assurance de la volonté de Dieu, achetèrent l'église Saint-Jacques et sans retard commencèrent les travaux de restauration. L'année suivante, le 23 mai 1878, une nef était livrée au culte. Elle fut solennellement bénite par Son Eminence le cardinal Monaco de la Valetta, sous le vocable de Notre-Dame du Sacré-Cœur, l'espérance des causes désespérées !

J'y entrai un jour, à l'heure de cette belle lumière qui précède l'*Ave Maria*. J'aperçus une foule pieuse agenouillée sur le pavé, chantant avec ferveur cette invocation si touchante : *Nostra Signora Sacro Cuero pregate per noï !* L'air était doucement modulé et pénétrait l'âme jusqu'en ses intimes profondeurs. Je m'en souviens encore et m'en souviendrai toujours !

La place Navone est aussi très fréquentée, chaque mercredi de l'année, par un autre genre de spectacle. Si on s'égare, de son côté, on la voit jonchée de baraques de bois aux formes variées et pittoresques contenant un assortiment d'objets usuels et de curieuses collections antiques, ne provenant le plus souvent que de la fabrique voisine. Les Romains possèdent à un haut degré l'art d'imiter l'antique, aussi de précieuses richesses sortent de ces ateliers de vieilleries et ravissent le collectionneur qui est loin de se douter de leur provenance.

J'ai vu là des choses d'un autre âge, telles que le chandelier à sept branches de l'Ancien Testament, des lampes funéraires des catacombes, des objets démodés, invraisemblables, fantastiques, disparus de partout ailleurs depuis près d'un demi-siècle et qu'on retrouve ici.

C'est à un français, le cardinal de Rohan, qu'on est redevable de ce curieux marché.

La place Navone est aussi le théâtre d'une scène étrange dont les revendeurs, les jardiniers, les fruitiers, les brocanteurs, les débiteurs de ferraille et de bric à brac sont les acteurs et les héros, et qui s'appelle la prise de possession de la place Navone.

Il faut savoir que tous les individus qui fréquentent le marché de la place Navone perdent bien vite leur nom propre pour en recevoir un de la part des courtiers et des gros bonnets de la place. Mais avant d'en venir à cette régénération et pour obtenir le droit de cité dans la plus belle et la plus riche place du monde, il faut le mériter par des entreprises et des exploits dignes de la vieille Rome.

Nul ne peut aspirer au grade élevé de *bagarino de place Navone* (1), s'il ne s'est signalé auparavant dans l'art de tromper le paysan qui porte en ville les produits de ses jardins et de ses champs. Lors donc qu'un sujet demande à passer *bagarino,* il est déjà docteur et peut ouvrir école de finesse et d'artifice à Rome. On dit d'un homme rusé : « C'est un docteur de place Navone », et d'une femme babillarde, qui veut avoir le dernier mot dans les discussions : « Va ! les langues de place Navone n'ont rien à faire avec toi ! »

---

(1) On appelle *bagarini* les accapareurs qui achètent de première main en gros et livrent ensuite en détail aux revendeurs, en renouvelant souvent sur leur bourse le supplice de saint Barthélemy.

Les hommes n'ont pas seuls le monopole des sobriquets, on en donne aussi aux femmes, mais sans aucune solennité. Ainsi Dorothée, la revendeuse, s'appelle désormais *la Rouge ;* Judith devint *la Brune,* et il y a *la Blanche, la Cerise, la Serpolet.* Pour rien au monde, elles ne reprendraient leur véritable nom, parce que tous les clients connaissent la Serpolet, qui vend des citrons à main droite ; la Cerise, qui vend des fèves, des petits pois et du brocoli sur le trottoir ; la Brune, qui vend des châtaignes près de Sainte-Agnès, et la Blanche, qui vend du *Linocchi* à main gauche.

D'ordinaire, les hommes ont des surnoms merveilleusement appropriés à leur personne. Ce long, maigre, tout d'une pièce, se nomme Morue ; celui-ci, avec sa chevelure hérissée est le Sorcier ; cet autre à la tête arrondie est le Concombre, etc... de manière que tous, en qualité d'académiciens de place Navone, sont gratifiés des appellations les plus bizarres.

Au jour convenu, la foule accourt et se précipite comme des vagues poussées par le vent. Soudain, apparaissent au-dessus de toutes les têtes deux portefaix géants soutenant de leurs mains entrelacées un petit homme chétif et ridé, et vêtu d'un paletot de velours. Ils le soulèvent en l'air, le promènent triomphalement autour de la place. Les mains applaudissent, les mouchoirs s'agitent pour glorifier le candidat. Arrivés près de la fontaine des Quatre-Fleuves et après la lui avoir fait contourner, les deux géants sautent sur le bord du bassin, et, prenant le héros par les pieds et les épaules, ils le plongent à trois reprises dans l'eau et le créent de la sorte chevalier trempé. Les cris, les hurlements, le choc des plateaux de balance, le grincement de la ferraille, des marmites et des chaudrons, montent jusqu'aux étoiles.

Lorsqu'on a ainsi baigné le patient, un des portefaix le met à cheval sur son cou, et puis, le prenant par les deux mains, lui imprime une forte secousse pour le bien asseoir, et le porte, au milieu d'une bourrasque de sifflets, vers le perron de l'église Sainte-Agnès. Le sénat de la place les attend sur le palier ; on fait cercle autour du triomphateur, et l'un des sénateurs, au nom de tous, le complimente à peu près dans ces termes :

« Le très noble et très puissant ordre des courtiers,
« des *bagarini*, des porteurs, des fruitiers, des herba-
« gers, des légumiers, des faïenciers, des fariniers,
« des marchands de ferraille, aujourd'hui dans sa
« magnanimité, te salue comme son citoyen et t'impose
« pour la vie l'admirable, le suave nom de Navet. Vous
« tous donc, inscrits sur la matricule de la place, vous
« ne l'appellerez plus désormais maître Grégoire, mais
« bien Navet : Navet dans les ventes, Navet dans les
« échanges, Navet dans les achats... »

« Vive Navet ! », s'écrie-t-on de tout côté avec un vacarme qui s'entend de toutes les rues avoisinantes.

On procède ensuite à l'investiture du Bagarinat. Les maîtres courtiers, les uns après les autres, lui présentent une botte de navets cueillis au jardin de *San Casimato*, une tête de chou-fleur, un panier de chicorée, de laitue, de bettes et de bourrache, un pot de marrons, de fèves, de pois chiches et de lupins, une corbeille de poires, de pommes, de prunes, d'oranges et d'autres fruits dont la Pomone romaine enrichit les marchés. D'autres enfin lui jettent au visage de pleines poignées de blé, de froment, d'orge, de lentilles, de millet, qui lui remplissent le cou, l'estomac et les poches.

Cette cérémonie terminée, deux voix de stentor s'écrient : « Maintenant, Navet, va prendre possession : place à Sa Majesté ! »

Et soudain, avec la rapidité de l'éclair, on enlève le pauvre sire, on l'asseoit sur l'escalier de Sainte-Agnès, et, le prenant par les pieds, on le fait glisser de gradin en gradin, jusqu'en bas. A ce spectacle, un branle-bas général agite la foule ; dans ce fracas d'éclats de rire, le tonnerre même ne serait pas entendu.

Navet, se relevant avec dignité, prend par la main les magistrats ses confrères, les remercie avec un sourire, parcourt de l'œil la place Navone, son nouveau royaume, et va terminer avec eux ce grand jour à l'*albergo* du Pèlerin.

Ces scènes populaires au milieu d'une grande ville ont quelque chose d'antique et d'original. Le jour où elle viendra à les perdre, Rome n'aura pas marché vers le progrès.

V

UNE MESSE A SAINT-PIERRE

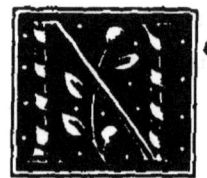ous voici de nouveau en présence d'un de ces jours que le Ciel pourrait envier à la terre, tant sont pures les émotions et vives les allégresses qu'ils font naître. Le Pape allait célébrer la Messe à Saint-Pierre en l'honneur des pèlerins de Milan venus pour fêter l'anniversaire de sa naissance et de son couronnement.

J'avais reçu un billet de tribune réservée pour assister à cette magnifique cérémonie.

Aussi, dès l'aurore de cette matinée inoubliable, je partis pour la basilique vaticane.

Après avoir traversé le pont Saint-Ange, j'aperçus Saint-Pierre devant moi, avec sa coupole hardie jetée vers le Ciel que le soleil levant teignait de lueurs rosées. Elle m'apparut alors comme un glorieux géant, traçant pour ainsi dire dans les airs les destinées sublimes de l'âme catholique et comme l'image de la splendeur morale de Rome. Je la contemplai avec admiration !...

Et quel portique grandiose que cette magnifique colonnade, rêvée, dit-on, par Michel-Ange et réalisée par le Bernin, qui forme une avenue circulaire de trois larges allées, celle du milieu assez vaste pour que deux voitures s'y croisent, le tout surmonté de cent quatre-vingt-douze saints de marbre blanc, ayant chacun près de quatre mètres de haut.

A droite et à gauche, deux fontaines colossales jettent incessamment des fleuves d'eau dont les gerbes éblouissantes s'élèvent en fusées liquides, et l'obélisque de Néron se dresse au milieu de cette place immense comme l'aiguille qui marque l'heure au cadran de l'éternité.

Peut-on trouver au monde une avenue plus digne de ce temple merveilleux, dédié au Prince des Apôtres ?

J'entre dans la basilique !... Quel coup d'œil !... J'ai devant moi le maître-autel de Saint-Pierre qui s'élève avec son baldaquin de bronze, et ses nombreux degrés comme une pyramide triomphante ; de tout côté on le voit, ainsi qu'un pic de montagne, c'est le Sinaï des Papes !

La Confession m'apparaît toute brillante de la douce clarté de ses quatre-vingt-seize lampes entourées de gerbes de roses fraîchement cueillies dans les jardins du Vatican.

De chaque côté de l'autel papal, les ambassadeurs de toutes nations en habits chamarrés d'or, et les chevaliers de Malte au costume éclatant se tiennent fiers et dignes dans leur tribune respective.

Plus loin, des hommes en uniforme ou en habit constellés de décorations, occupent des places réservées.

Un grand nombre de femmes, dans cette tenue charmante, pleine de grâce et de décence, exigée par le cérémonial (robe noire et mantille sur la tête), s'échelonnait sur les gradins élevés à leur intention. Et dans le fond de la vaste nef, une foule immense qu'on ne saurait compter, se presse, s'entasse sans bruit, sans tumulte, sans encombre.

Dans le carré resté libre pour le Souverain Pontife, le pavé de Saint-Pierre, inondé de l'azur du bleu ciel de l'Italie, reflétait doucement les magnificences d'alentour, s'imprégnant pour ainsi dire des célestes teintes des peintures du dôme tout de marbre et de porphyre, découpé en gracieuses rosaces ou en capricieux losanges, présentant par la variété et la richesse de ses couleurs, l'image du perpétuel printemps. Je sentais mon âme grandir, mes pensées s'élever en contemplant ces piliers énormes, ces statues gigantesques, ces mausolées splendides, ce luxe des arts, ce luxe inouï qui est non pas royal mais vraiment divin, car Saint-Pierre est bien, comme on l'a dit, la *cour de Dieu !...*

Soudain, vers onze heures, des cris se font entendre au fond de la vaste nef; la garde noble paraît, précédant le collège des Cardinaux et faisant retentir la cadence sonore de la marche pontificale, selon la tradition des anciennes fêtes de Saint-Pierre; la fanfare étouffée, disparaît, s'éteint sous l'acclamation poussée par toutes les poitrines : « *Viva Léo !... Viva il Papa Re !* » Les cris se rapprochent... on voit des mains qui se tendent, des mouchoirs qui s'agitent, et bientôt se montre au loin, portée sur la *Sedia*, une forme blanche,

une figure diaphane, une sorte d'apparition céleste...
C'est Léon XIII, c'est le Pape...

Coiffé de la triple couronne, encadré entre les larges éventails de plumes blanches qui s'agitent autour de lui semblables à des ailes, il passe lentement sur son siège aérien, planant comme une vision divine sur un océan de fronts inclinés.

La scène est imposante... Un frémissement agite les âmes, les yeux se mouillent de larmes, les cœurs battent à l'unisson ! Et plus la *Sedia* s'avance, plus le Pontife approche de l'autel, plus s'accentue ce grondement qui monte, plus l'enthousiasme s'affirme avec une énergie croissante; la nombreuse assemblée répète sans se lasser l'expression tonnante de ses sentiments émus. C'est comme un délire d'affection spontanée, universelle... Les acclamations de toutes les langues se confondent dans un cri prolongé, persistant, colossal... « *Vivat ! Vivat !* » Au contact de cet enthousiasme, dont les tempêtes le surprennent d'abord, Léon XIII se redresse, il étend ses mains bénissantes avec un calme absolu, grave, plein de majesté simple...

Les cent quatre-vingts bannières des différentes corporations de Milan, faites d'étoffes précieuses tissées d'or et d'argent, s'abaissent sur le passage du Souverain Pontife pour saluer en lui le représentant de **Dieu**.

Le Saint-Père arrive enfin à la Confession de Saint-Pierre, fait le tour de l'autel, et met pied à terre.

Cependant les applaudissements, les acclamations s'arrêtent dès que le Pape, faisant son grand signe de croix, commence l'Introït de la messe.

L'autel pyramidal de Saint-Pierre, entouré de cardinaux en robes de pourpre, d'évêques, de prêtres, de religieux groupés sur tous les degrés, forme un tableau pittoresque et sublime.

A sa base, cet autel a le corps du premier Pape ; à son sommet, symbole de l'édifice catholique, il a le successeur de Pierre, le Pape régnant, entièrement vêtu de blanc.

Au *Sursum corda*, Léon XIII joignit les mains et leva les yeux au ciel avec une telle onction que cinquante mille cœurs s'envolèrent en haut à la suite du sien, dans un silence imposant d'adoration et de prière.

A l'Elévation, pendant que Sa Sainteté offrait à Dieu de ses mains tremblantes, l'Hostie d'expiation et de paix, la troupe pontificale mit genou en terre et porta les armes, tandis que, doucement, descendaient de la grande coupole, les sons harmonieux des trompettes d'argent de la garde noble !...

Moment solennel !... Instant d'émotion ineffable!... Je n'essaierai pas d'en traduire l'incomparable suavité ! Un pur rayon du beau soleil de Rome, pénétrant à travers une des fenêtres de la Basilique, semblait venir du ciel, annoncer l'acceptation du grand Sacrifice pour le salut de la terre.

Et quel spectacle ! La plus haute majesté d'ici-bas à genoux devant l'abaissement du Dieu qui, pour nous, s'est fait homme et s'est anéanti dans l'Eucharistie !

L'*Ite missa est* vient d'être chanté. Le Pape Léon XIII, le front ceint de la mitre d'or, remonte sur la *Sedia Gestatoria* et, arrivé au milieu de la basilique, bien en face de tous ses enfants, il entonne les prières de la béné-

Saint-Pierre (La Confession)

diction solennelle. Son doux regard s'élève en haut, sa voix retentit sûre et forte, il trace sur lui le signe sacré de la Croix ; puis il se dresse majestueux, dans la double dignité de sa charge suprême et de sa personne vénérée, et, d'une main tremblante, moins tremblante pourtant que nos cœurs, il bénit la foule à genoux... Je suis placée non loin de lui, et je puis le contempler à mon aise, admirer la noblesse de son visage, la vivacité de son regard, la grâce de son sourire, la blancheur éclatante de sa main diaphane qui se lève sur nous pour bénir.

Le Souverain Pontife vient de reprendre la tiare, signe de sa triple puissance. Comme son entrée à Saint-Pierre, sa sortie est saluée par les plus vives acclamations, les plus frénétiques applaudissements. Les chapeaux, les mouchoirs et les bérets multicolores des étudiants de l'université catholique de Milan, s'agitent avec enthousiasme, les têtes se courbent et les fronts se signent.

Les représentants des puissances purement terrestres n'échappent pas à l'irrésistible courant de respect mêlé d'émotion qui a envahi la foule. Ils savent que le Pape est au monde la seule autorité devant laquelle les autres peuvent s'incliner sans s'abaisser, et ils s'inclinent !...

Le voici arrivé vers la chapelle du Saint Sacrement, qui communique, par des couloirs intérieurs, au Vatican. Les acclamations de nouveau retentissent. Nourries d'abord, elles s'affaiblissent, en proportion de l'éloignement de Sa Sainteté. Nous ne les percevons plus qu'avec peine, puis nous n'entendons plus rien... Les portes du palais du Vatican viennent de se refermer sur l'auguste Pontife.

Nos prières accompagnent jusqu'en sa prison le glorieux captif, et, dans nos cœurs, continue de retentir, vibrant, ce cri de la foule : » Vive Léon XIII ! »

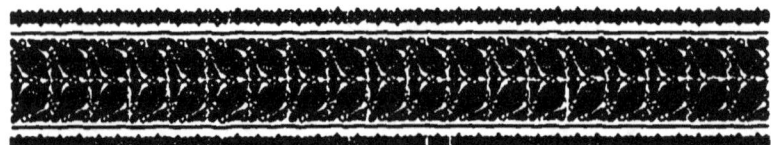

VI

LE PALAIS BARBERINI
— LE CIMETIÈRE DES CAPUCINS —
SAINT-LAURENT « IN LUCINA »

our visiter Rome et en connaître toutes les merveilles, il faudrait des années. Non seulement il y a des musées publics comme ceux du Vatican, de Latran, du Capitole ; mais combien de particuliers, entre autres les palais Doria, Farnèse, Corsini, Pamphili, Barberini, sont célèbres par leurs incomparables galeries. On croirait vraiment qu'ils ont cessé d'être la propriété de leurs maîtres pour devenir l'usufruit de tout le monde, tant il est facile de les visiter tel jour et à telle heure. Toutes les écoles ont des représentants dans ces galeries de tableaux que l'on ne peut décrire sans tomber dans des répétitions, et qu'il faut connaître par soi-même pour en jouir vraiment.

J'explorais un soir la place Barberini, qui a une physionomie toute pittoresque. Le vieux triton si solidement accroupi sur sa fontaine, souffle dans sa conque un jet d'eau très original, dont la gerbe retombe en poussière dans le bassin. C'est l'œuvre du Bernin. Tout près de là se dresse la superbe grille du *palazzo Barberini*. Elle était ouverte, j'entrai dans le jardin, orné de pins très sombres, de lauriers très verts, et me trouvai devant la façade principale. Elle est d'une grande noblesse architecturale, construite par le Bernin avec des pierres du Colisée, mais on dirait que la ruine est assise sur le seuil ; c'est la détresse restée grande dame.

L'intérieur est vaste. Pierre de Cortone a dessiné les escaliers et peint le plafond. Il y a plusieurs salles de tableaux, ou plutôt de chefs-d'œuvre, accrochés sur des murs blanchis à la chaux.

La merveille de ce Musée est la fameuse « Béatrice de Cenci », du Guide, l'héroïne de l'un des plus sombres drames de l'histoire.

Le souvenir de la tragédie sanglante qui se déroula sur le pont Saint-Ange, le 9 septembre 1599, donne à cette physionomie un je ne sais quoi de poignant, mais on ne peut en détacher les yeux tellement elle est belle.

Près du palais Barberini, est le grand couvent des Capucins. J'allai en visiter l'église. Les autels et les chandeliers sont de bois, mais sur chaque autel, il y a un crucifix d'ivoire de grande valeur et des tableaux dont quelques-uns sont sans prix. On y voit le « Saint-Michel » du Guide. Le Christ de l'autel principal est de Michel-Ange.

Toute l'église est pavée de pierres tumulaires et d'épitaphes souvent sublimes. Sur la tombe du cardinal

Barberini, grand bienfaiteur du couvent, on lit ces mots : « *Ci-gît de la poussière, de la cendre, rien !* »

Il n'y a point de lieu sur la terre où la mort soit aussi éloquente qu'à Rome, où les vivants la fassent plus volontiers parler, où elle soit autant honorée, et je dirais volontiers fêtée ; il n'y en a point où elle apparaisse aussi vaincue.

C'est pourquoi le frère convers qui me servait de cicerone me conduisit triomphalement devant un autel dont il souleva la draperie. J'aperçus alors le corps d'un saint parfaitement conservé ; sa figure vénérable respire la sainteté et la paix. « C'est le *Beato Crispino de Viterbe*, s'écria-t-il, notre trésor, notre gloire. » Je voulus connaître quelques traits de sa vie. Voici ceux que j'ai recueillis :

Né à Viterbe, l'an 1668, il eut pour père un honnête ouvrier, pour mère une fervente chrétienne qui, de bonne heure, inspira à son enfant une tendre dévotion envers la très sainte Vierge. Lorsqu'il eut atteint sa cinquième année, elle le conduisit à Notre-Dame *della Quercia*, et l'offrit et le consacra à la Reine des Cieux. « *Regarde, mon enfant, dit-elle à son fils, voilà ta Mère : je te donne à elle pour toujours ; aime-la de tout ton cœur.* »

Depuis lors, l'enfant n'appela plus la sainte Vierge que sa Mère et sa Dame. Il jeûnait la vigile de ses fêtes et tous les samedis en son honneur. Il l'invoquait fréquemment, et Marie exauçait ses prières. A dix ans, ses parents le placèrent chez un de ses oncles qui était cordonnier. Toutes les semaines, quand il était satisfait de son travail, cet oncle lui donnait une petite pièce d'argent. Le Bienheureux courait bien vite acheter un bouquet de fleurs : « Donnez-moi les plus belles que vous ayez, disait-il au marchand, c'est pour les offrir à une grande dame. » Cette dame était la sainte Vierge, sa bonne Mère. Il déposait le bouquet devant sa statue et demeurait là de longues heures en prières.

Une si belle fleur n'était pas destinée à se faner au contact du monde. Notre-Seigneur la cueillit et la plaça dans un vase précieux.

Un jour que les novices du couvent des Capucins passaient en procession, le jeune homme fut profondément touché de leur recueillement et de leur ferveur. Dès lors, tout son désir fut de les imiter. Il demanda l'habit de saint François et changea son nom pour celui de Crispin.

Après un noviciat passé tout entier dans la prière et l'austérité, le Bienheureux fut admis à faire profession. Puis on l'envoya au couvent de la *Tolfa*, pour être cuisinier car le saint religieux ne voulut jamais être que simple frère convers. Cette âme candide ne se croyait pas assez pure pour les sublimes fonctions de l'autel. En conséquence, il allait à la quête, soignait les malades, servait les Frères, cultivait le jardin.

Quelque temps après, il fut envoyé à Rome pour soigner les malades. Il entra dans la Ville Sainte par la porte la plus rapprochée de Saint-Pierre : « Pouvons-nous, disait-il à ses compagnons, aller au couvent avant d'avoir été prier au tombeau du prince des Apôtres, qui tient les clefs du Paradis et doit nous en ouvrir les portes ? »

Arrivé dans la basilique, il se prosterna la face contre

terre et arrosa de ses larmes le sol béni qu'avaient arrosé de leur sang tant de martyrs et de confesseurs. Il ne pouvait quitter ce lieu si cher, et ce ne fut qu'à grand'peine que ses compagnons parvinrent à l'en arracher.

Le Bienheureux ne resta pas longtemps à Rome. Son humilité lui faisait trouver sa charge d'infirmier beaucoup trop élevée pour son mérite. Ses supérieurs accueillirent favorablement sa demande et l'envoyèrent à Albano, pour y remplir encore l'office de cuisinier. Il dressa bien vite un petit autel et plaça, dans la cuisine, une image de sa bonne Mère, devant laquelle il venait chanter et prier quand ses occupations le lui permettaient. Aussi obtenait-il d'elle tout ce qu'il lui demandait. S'agissait-il de guérir un malade? Il le faisait venir devant sa Madone, et la maladie disparaissait promptement. Le temps lui avait-il fait défaut pour préparer le repas? Il déposait son plat sur le petit autel, et le plat était cuit en un instant.

Un des camériers du Pape était depuis longtemps tourmenté par des douleurs aiguës contre lesquelles on avait employé inutilement tous les secrets de l'art ; il alla trouver le bon Frère cuisinier, qui les guérit aussitôt en lui faisant prendre une des fleurs offertes sur son petit autel. Le médecin du Pape, ayant appris cette guérison : « Vos remèdes ont plus de vertu que « les nôtres, dit-il au Frère Crispin. — Monseigneur, « répondit le Bienheureux, vous êtes un savant méde- « cin, et tout Rome vous reconnaît comme tel, mais la « sainte Vierge est encore plus savante que vous et « que tous les médecins du monde. »

Cependant on accourait en foule au couvent pour voir le Bienheureux et prier devant son autel. Mais lui, craignant de plus en plus pour son humilité, pria ses supérieurs de le changer de monastère. Il partit donc pour celui de *Monte-Rotondo*, où il fut chargé de cultiver le jardin. Il y éleva un petit autel à sa bonne Mère, et le mit à l'abri sous une cabane de branchages. Tous les jours, il venait avec son admirable simplicité, répandre des graines devant cette cabane, afin que les petits oiseaux s'y assemblassent pour chanter les louanges de leur Reine.

Il fut envoyé plus tard à Orviéto pour y exercer les fonctions de quêteur. Il eut bien vite gagné tous les cœurs. Au bout de quelques jours, toute la ville le chérissait ; tous le respectaient comme un saint, tous se disputaient l'honneur de remplir sa besace. Les témoignages d'affection ne rendaient pas le pieux religieux moins humble. Toujours petit à ses propres yeux, il ne s'appelait que « l'âne des Capucins ».

« — Allons, mes enfants, faites place à l'âne des Capucins », s'écriait-il, lorsqu'il lui fallait traverser la foule.

« — Et où est-il donc cet âne ? lui demanda un jour un homme qui ne le connaissait point.

« — Tu ne vois pas que je porte le bât, » reprit le bienheureux en montrant sa besace.

On lui demanda une fois pourquoi il allait toujours nu-tête : « C'est parce qu'un âne ne porte pas de cha-
« peau », répondit-il avec une aimable simplicité.

L'humble Frère n'aimait rien tant que de souffrir pour son divin Sauveur ! On voulait le détourner d'aller faire la quête dans une maison dont le maître l'accueillait par des outrages : « Mais je n'ai pas de meilleur ami » répondait-il, et incontinent il allait frapper à sa porte.

Cependant le bienheureux vieillissait et s'affaiblissait de jour en jour ; ses dernières années ne furent qu'une suite de miracles presque continuels. Notre-Seigneur lui communiqua à un haut degré le don de prophétie, de sorte qu'on recourait à lui comme à un oracle divin. Il fut rappelé à Rome, lorsque, accablé d'infirmités, il ne pouvait plus sortir pour faire la quête.

Quand il se vit sur le point de quitter cette terre, il fit ses adieux à ses amis et à ses bienfaiteurs, reçut les derniers sacrements avec une ferveur inexprimable, puis jetant un regard sur les images de Notre-Seigneur et de la très sainte Vierge, il leva les yeux au ciel et remit doucement son âme entre les mains de son Créateur, au milieu des larmes de tous les assistants. C'était le lendemain de la fête de saint Félix de Cantalice, dont il avait reproduit si fidèlement la vie, en l'année 1750.

Après que sa belle âme se fût envolée au Paradis, les membres du Bienheureux, raidis par les rhumatismes, reprirent leur souplesse, ses plaies disparurent, son corps devint blanc et vermeil comme celui d'un petit enfant. Les funérailles de ce pauvre Frère jardinier, cuisinier et mendiant, furent si splendides qu'un ancien biographe s'écrie dans son admiration : « Que roi n'a jamais eu de pareilles obsèques ! »

Ses précieuses reliques, conservées intactes, étaient là sous mes yeux et je les contemplais avec attendrissement, lorsque le bon Frère, désireux de me montrer toutes les richesses du couvent, me proposa de descendre dans la galerie des morts. Ce nom m'effraya un peu, mais surmontant cette crainte puérile, je suivis mon guide, lequel, ouvrant une porte basse, me montra un long couloir sombre, où je m'engageai résolument.

Mais à peine avais-je fait quelques pas que j'eus la tentation de reculer. Le Frère avait disparu et je me trouvais seule dans ces caveaux souterrains qu'éclairaient d'étranges lampadaires, tous composés d'ossements. Les voûtes et les murailles étaient couvertes d'effroyables lambris, contreforts de crânes, colonnes de tibias, arabesques de côtes, portiques d'omoplates, tout ce qui reste en un mot de l'être humain, après le passage de la mort, se trouvait mêlé dans un fouillis épouvantable. Parmi ces agréments, debout, couchés ou agenouillés, des squelettes entiers, revêtus de la robe de capucin. Sous leur capuchon baissé, dans l'attitude de la prière, leurs yeux vides semblaient me fixer, tandis que dans l'effrayant rictus de leurs lèvres parcheminées, s'était figé le rire de la mort. Je fis une prière à la hâte et me dirigeai, très émue, vers la porte de sortie où je retrouvai mon guide qui m'avait laissé faire seule cette excursion dans le domaine des trépassés. Il m'expliqua que la terre de ce cimetière, apportée de Palestine, dévore presque instantanément les chairs et laisse intacts les ossements. Un jour, un bandit s'était réfugié dans l'église, voulant échapper à la justice Pour occuper ses loisirs, il s'installa dans le cimetière avec le dessein de le transformer en lieu de plaisance. A coup sûr, il avait un certain sentiment de l'horrible, mais ce qu'il a prouvé surtout, c'est que le squelette est fait pour être enterré.

On prétend que ce décorateur peu ordinaire a fini par se sanctifier dans son travail étrange et qu'il est mort de manière à ne pas rester en décoration.

J'avoue que le cimetière des Capucins avec ses épouvantables enjolivements ne m'a pas beaucoup charmée, et qu'il me tardait de voir un édifice qui donnât des pensées moins sombres et plus sereines. Il y avait une fête à Saint-Laurent *in Lucina* ; je me dirigeai vers cette église, qui doit l'origine de son nom à sainte Lucine, noble matrone romaine qui avait eu des possessions à cet endroit. Elle fut fondée en 435 par Sixte III ; son plan a été souvent modifié. Il ne reste que le seul campanile, encore la flèche qui le surmonte est moderne.

L'église est précédée d'un portique ancien, orné de fresques très curieuses. Elle n'a qu'une seule nef, décorée de chaque côté par quatre belles chapelles.

Le maître-autel est orné d'une toile magnifique de Guido Reni, représentant le Christ en croix. Elle était découverte ce jour-là, et j'ai pu contempler ce chef-d'œuvre à loisir. La tête du Sauveur est fortement penchée à droite, l'expression de la vie se mêle dans toute sa personne à celle d'une indicible douleur. Cette peinture impressionne vivement.

Tout autour de l'autel dont j'admirai les colonnes de noir antique, se trouvaient exposées les précieuses reliques que possède cette église : la tête de saint Alexandre, Pape, et le gril sur lequel saint Laurent a subi son glorieux martyre. Formé de barres de fer, ce gril peut avoir deux mètres de longueur sur un mètre de largeur ; les pieds servaient à le fixer dans une table de marbre, sur laquelle on avait étendu des charbons enflammés. Voilà quel a été le lit de triomphe du généreux Laurent. A côté, je vis trois vases, dont deux pleins de sang et le troisième contenant de la chair rôtie de ce glorieux athlète de Jésus-Christ.

Je visitai ensuite les différentes chapelles ; dans celle du baptistère, je remarquai le magnifique mausolée que Chateaubriand, alors ambassadeur de France à Rome, fit ériger à ses frais à notre immortel Poussin. On y voit sculptée, cette scène des bergers d'Arcadie si pleine des tristesses de la mort, au centre des jours de la vie.

Je m'arrêtai aussi devant celle de Saint-François *Caracciolo,* dont le corps est exposé sous l'autel et jetai un regard admiratif sur l'Assomption, copie du Guide par Gemignani.

La vue de ces peintures exquises, de ces riches mosaïques, de ces statues aux formes admirables, aux figures célestes, opéra en moi une heureuse diversion aux pensées mélancoliques suscitées par la nécropole des Capucins. Je revins par le *Corso* qui, dans cette première semaine de janvier, rayonnait comme en fête. Les magasins ruisselaient de luxe, rajeunis pour la nouvelle année. Les joailleries des bijoutiers, les cadres des marchands de tableaux, les étalages des étoffes, les fleurs entassées par monceaux chez les fleuristes, tout le somptueux Corso de Rome semblait flamber dans une lumière d'apothéose.

Quel contraste avec les endroits que je venais de visiter !...

Ces mélanges continuels du triste et du gai, de silence et de bruit, de pieux et de profane, de masures et de palais, constituent un des caractères essentiels de la Ville Eternelle et lui donnent une physionomie spéciale, d'une variété sans pareille..., ce qui fait qu'on la goûte toujours et qu'on ne s'en lasse jamais !

VII

SAINTE-FRANÇOISE ROMAINE

AR une de ces délicieuses après-midi comme on n'en voit qu'en Italie, je me dirigeai vers le Forum pour me rendre à l'église de Sainte-Françoise Romaine dont on célébrait en ce jour la fête.

Je passai près de l'arc de Septime-Sévère tout rongé par le temps ; le soleil, qui n'a point vieilli comme les ouvrages des hommes, ombrait les caissons de son arcade et les sculptures antiques. Toujours jeune et joyeux, il riait sur ces marbres brisés, il y faisait pousser des fleurs... y jetant ces harmonies que la nature et les siècles étendent comme un tapis verdoyant sur les ruines les plus sauvages.

Tout près, un petit massif isolé se dresse, portant huit colonnes d'un temple superbe dont la silhouette déchirée se découpe sur le ciel bleu.

Un peu plus loin, à droite, au delà d'une excavation pleine de sombres crevasses et de pierres géantes, j'entrevois la trinité élégante des dernières colonnes d'un autre temple. Comme ce peuple-roi a bien travaillé pour nous donner une belle idée du néant des fortunes humaines !... Car tant de gigantesques travaux n'étalent que le rien de l'homme, comme ces tombeaux morts, qui ne disent plus le nom de leurs habitants. Les herbes folles croissent à profusion sur ce vieux pavé de deux mille ans, sur cette large voie Sacrée où passèrent jadis les triomphateurs et qui conduit l'œil jusqu'au charmant arc de Titus. Derrière montent les pans des voûtes immenses de la basilique de Constantin; au fond, derrière le petit campanile romain de la *Chiesa Santa Francesca*, s'élève l'énorme cylindre du Colisée. Au-dessus de cette formidable ruine, court le voile léger des collines lointaines. Ce vaste tableau se complète par des maisons modernes, les lignes des toits, les façades de quelques églises... Tout est désordre ; mais je ne sais quelle harmonie fond tous les disparates... On ne peut échapper cependant à cette indéfinissable mélancolie que provoquent tant de débris, tant d'écroulements entassés. Comment n'avoir pas, à leur contact, le sentiment d'une irrémédiable déchéance.

Je salue ces églises qui s'élèvent dans le Forum et sur les collines, couvrant le sol sacré de la grandeur romaine, remplaçant, sanctifiant toujours avec ce sublime de l'Eglise qui enseigne toujours et toujours divinement.

J'aime à voir la Rome chrétienne implantée au milieu de la Rome antique, s'unissant à elle en la purifiant, adoptant ses ruines pour les sauver et consacrant ses souvenirs par le signe de la croix, tel est précisément le caractère essentiel et original de cette ville Eternelle qui, sur la capitale de la force, a greffé la capitale de la foi.

La *chiesa di Santa Francesca* où l'on reconnaît les ruines d'un double temple construit par Adrien, en l'honneur de Vénus et de Rome, est une des plus anciennes et des plus vénérables. Elle existait en 705 et était dès lors consacrée à la Vierge Marie. Ruinée par un incendie au IX⁰ siècle et restaurée par saint Nicolas I⁰ʳ, elle prit à cette époque le nom de Sainte-Marie Nouvelle qu'elle porte encore aujourd'hui officiellement, quoique dans le langage ordinaire on lui donne plus communément celui de l'illustre romaine sainte Françoise. C'est une de ces églises de caractère où l'on se plaît à fureter... J'y remarque d'abord une célèbre image de la Sainte Vierge rapportée de Troade, en l'an 1100, par Ange Frangipani, et une belle mosaïque du XII⁰ siècle, représentant la Vierge Mère de Dieu avec plusieurs saints, et attribuée à l'évangéliste saint Luc.

Dans le transept de droite, j'admire le beau monument que les Romains reconnaissants ont fait élever en 1584 en l'honneur de Grégoire XI. C'est ce Pape, en effet, qui ramena à Rome la cour pontificale, et le haut-relief sculpté au-dessus de son tombeau rappelle cet heureux événement.

Enfin dans le sanctuaire, je vénère le corps de sainte Françoise Romaine. Il repose sous une belle confession, ouvrage de Bernin, devant laquelle est une magnifique statue de la sainte en prières. Dix-huit lampes de bronze doré brûlent sans cesse devant ce glorieux tombeau orné de marbres précieux. En l'honneur de sa fête, le corps de cette grande sainte était exposé à la vénération des fidèles. Il est tel que la mort l'a laissé depuis des siècles, et il impressionne vivement.

Cette église rappelle en outre divers souvenirs profanes ou religieux. C'est d'abord celui de Néron et de ses luxueuses folies, car elle occupe en partie l'atrium de la maison d'or que cet empereur s'était fait construire. C'est ensuite celui de saint Pierre et de Simon le Magicien. On prétend, en effet, qu'ici eurent lieu l'ascension du fameux imposteur et sa chute misérable à la prière du prince des apôtres.

D'après une pieuse tradition, les genoux du saint restèrent gravés sur la pierre. Je vis, en effet, ce précieux vestige, il a été encadré dans la muraille du transept de Sainte-Françoise et se conserve intact.

C'est encore à Sainte-Marie-Nouvelle qu'Innocent II fut consacré le 3 février 1136 ; c'est du couvent voisin que le bienheureux Urbain II data plusieurs bulles pendant le séjour qu'il y fit, et c'est dans ce même monastère que Le Tasse fut accueilli par les religieux, alors qu'il était sans ressources et abandonné des siens.

Tous ces souvenirs, toutes ces choses observées au sein d'un profond silence causent à l'âme une impression solennelle, auguste, mystérieuse, et c'est ici surtout, suivant la poétique et noble expression de Chateaubriand, qu'il semble vraiment que l'on respire la poussière des siècles écoulés.

Pour compléter cette belle soirée du 9 mars, toute consacrée à sainte Françoise Romaine, je me fis conduire *Via tor di Specchi* (rue Tour du Miroir) où se trouve le couvent qu'elle fonda et qui a été conservé tel qu'il était de son temps.

Françoise était une noble dame romaine qui, dès ses plus jeunes années, donna d'éclatants exemples de vertu. Elle se proposait d'entrer dans un monastère, mais se soumettant humblement à la volonté de ses parents, elle épousa Laurent Ponziani, jeune homme noble et riche. Elle supporta l'exil de son mari et la perte de ses biens, non seulement avec grande constance, mais avec actions de grâces, à l'imitation du bienheureux Job. L'énergie de son âme, trempée dans l'humilité et la pénitence, la rendit supérieure à toutes les situations. Pleine d'une tendresse ineffable envers ceux que Dieu même avait unis à sa vie, de calme et de joie intérieure au milieu des épreuves, d'expansion et d'amour envers toute créature, elle montrait Dieu habitant dans son âme prédestinée. Non content de lui assurer la vue et la conversation de son ange gardien, le Seigneur soulevait souvent en sa faveur le rideau qui nous cache encore les secrets de la vie éternelle. La nature suspendait ses propres lois, en présence de ses nécessités ; elle la traitait comme si déjà elle eût été affranchie des conditions de la vie présente. Aussi a-t-elle été la gloire de Rome et l'ornement de son sexe.

Après la mort de son mari, elle se rendit à la maison des Oblates, pieds nus, une corde au cou ; puis se prosternant à terre, elle demanda en pleurant la grâce d'y être reçue. Elle montra par ses paroles et par ses exemples la basse opinion qu'elle avait d'elle-même.

On la vit en effet revenir d'une maison de campagne que la communauté possédait près de Rome, portant sur la tête un fardeau de bois ou conduisant un âne, consolant les pauvres et leur faisant d'abondantes aumônes. Enfin, elle passa au Seigneur dans la cinquante-sixième année de son âge, pleine de mérites et illustrée par des prodiges. Elle fonda la maison *de Tor di Specchi* pour les personnes qui voulaient mener une vie religieuse sans se lier par aucun vœu ; on les appela Oblates et elles s'occupaient d'œuvres de charité. La Sainte fondatrice fut en si grande vénération que tout le peuple l'invoqua après sa mort, sans attendre que l'Eglise l'eût canonisée.

Avec quelle vénération j'entrai dans ce couvent où l'on retrouve partout son souvenir. Je vis sa chambre et divers objets qui lui ont appartenu ; voici sa tasse, son voile, sa chaussure, le vase dans lequel elle préparait des aliments pour les pauvres malades. Ce vase, selon une gracieuse coutume, est ce jour-là rempli de branches de buis. Chaque visiteur vient pieusement en sortir une branche qu'il emporte comme un don de l'illustre romaine et comme une bénédiction de sa main. Je conserve pieusement celle que j'ai prise dans ce vase privilégié, le 9 mars 1898, et dont la verdure, emblème des vertus de la sainte, ne se fane pas et reste éternellement fraîche.

J'entrai dans la chapelle qui est superbe, plusieurs oblates y récitaient l'office... Que leur costume est antique et original ? Il vous reporte à un autre âge. Les appartements, les corridors, les meubles, les tableaux, tout rappelle les temps passés. Dans la cour, il y a un cloître au milieu duquel, à ciel ouvert, se trouve un vieux puits ombragé de citronniers fleuris, décor merveilleux qui rappelle l'Orient.

Cette visite au couvent *de Tor di Specchi* m'a laissé de vivifiantes impressions. Il est si bon de suivre les traces des saints, d'étudier leur vie, de s'imprégner de leurs sentiments ! Leur souvenir nous aide à regarder avec plus de fermeté l'avenir. Celui, qu'un incident ramène en lui-même, voit mieux dans son cœur. Il retrouve Dieu, car que de choses douces et sublimes s'entendent ici. Rome n'est-ce pas une fenêtre ouverte sur le Paradis !

VIII

LA VILLA CŒLI-MONTANA

ue j'aime la Villa Cœli-Montana si gracieusement posée sur la colline qu'elle couronne ? Elle ne ressemble ni à la villa Doria-Pamphili, ni à la villa Borghèse. Toutes ont un aspect féerique, car elles représentent, à la fois, un jardin, un parc, un palais et un musée, mais chacune a son cachet particulier. Ce qui me plaît dans la villa Cœli-Montana c'est d'abord son nom .. Y a-t-il un nom plus gracieux que celui de montagne du ciel surtout lorsqu'il est réalisé par l'effet ?... Pour arriver à la charmante villa, il faut beaucoup monter, longer, à partir du Colisée, des murs énormes vieillis par les siècles et tout incrustés de mousse ; mais quand on est au sommet, quel horizon à souhait pour les yeux et la pensée... C'est partout l'éblouissante fête de la lumière...

Je découvre à travers les pêchers et les amandiers en fleurs, Rome entière noyée dans une vapeur rosée, à mes pieds les vieux quartiers du Transtevère que le Tibre sillonne comme un long ruban d'or. Plus loin, la cité vaticane et Saint-Pierre adossés au Monte-Mario. A droite, le Palatin, le couvent de Saint-Bonaventure avec ses vignes et son palmier. A gauche, les thermes colossaux de Caracalla, puis la campagne romaine semée de tombeaux et rayée d'aqueducs. Frascati apparaît blanchâtre à travers des flots de verdure, les collines du Latium dominent au dernier plan les montagnes bleuâtres de la Sabine et composent avec les colonnes tronquées, les ruines entremêlées de pelouses, les voûtes jetées dans l'espace, la plus idéale des silhouettes.

Quelle délicieuse soirée, je passai là, en compagnie d'une de ces âmes d'élite qui savent goûter et apprécier les beautés de la nature. Nous dominions un vieil aqueduc d'où sortaient de longues guirlandes de lierre ; les fenouils, les paquerettes, les primevères foisonnaient sur les bords, à demi-ensevelies sous des monceaux de pierres écroulées et d'herbes grimpantes ; des milliers de giroflées se penchaient sur les saillies, se cramponnaient dans les creux, panachaient les crêtes de leurs fleurons boutonnés qui, bientôt, allaient s'épanouir. Tout cela bruissait au vent et les oiseaux chantaient dans le grand silence. Le ciel était d'une pureté parfaite, l'air léger et transparent laissait apercevoir à une grande distance la forme des arbres, des colonnes, des dômes.

Nous avions sous les yeux toute la Rome chrétienne dominant les ruines du monde païen, et devant nous s'étendait tout ce qu'il y a de plus grand sur la terre ; c'était si beau que j'osais à peine parler tant je craignais de rompre le charme exquis dont je me sentais enveloppée.

Nous parcourûmes ensuite le jardin silencieux et paisible, admirant ses haies de lauriers fleuris, ses futaies de chênes verts, ses allées de cyprès centenaires, ses orangers couverts de fleurs blanches et de fruits d'or, ses gazons parsemés de violettes, et étoilés d'anémones.

Toutes sortes de belles antiquités sont mêlées parmi ces fleurs toujours jeunes. A travers l'éternelle verdure on voit le Colisée, le clocher de Sainte-Balbine et celui de Sainte-Marie Majeure.

Çà et là, des fontaines monumentales dont les gerbes éblouissantes étincelaient au soleil... J'écoutais avec une sensation de repos l'eau fraîche retomber en jets irrisés dans de sombres vasques de granit, et je laissais mon âme nager de joie comme elle, dans ce bain vaporeux de la lumière romaine.

O beauté de la Villa Montana, qui saura te dépeindre?... Ton site élevé, ton immense campagne avec Rome au fond, ta superbe terrasse, ton doux soleil qui rit sur la tête et encore plus dans le cœur... Je ne saurais t'oublier... ton image ne s'effacera point..

Il fallut cependant descendre de ces hauteurs.. L'astre du jour commençait à s'abaisser derrière la coupole de Saint-Pierre... c'était la fin d'une radieuse soirée d'Italie, et cette lumière dorée qui s'éteignait peu à peu semblait comme un pâle et dernier reflet de gloire répandu sur la délicieuse villa et s'harmonisait avec nos adieux !...

IX

UN SOUVENIR DES PREMIERS SIÈCLES

LA BASILIQUE DE SAN CLEMENTE

OME est une ville unique, une ville grave, tranquille et fière comme ses habitants. Son histoire s'est ineffaçablement empreinte dans sa physionomie.
Nulle part les rapports intimes entre le cadre et le tableau, les hommes et les choses, les monuments et les ruines ne sont plus frappants; nulle part les regards du visiteur ne se reposent sur une plus complète harmonie. De là, comme de bien d'autres causes, ce charme pénétrant répandu sur Rome qui s'insinue peu à peu, qui finit par envahir tout l'être et qui, à l'inverse des autres villes, est en raison directe du temps qu'on y a passé. Mais une des plus douces jouissances qu'on éprouve dans ce lieu privilégié, c'est de célébrer un grand nombre de ces fêtes au milieu des souvenirs mêmes qu'elles sont chargées de perpétuer. Que de

Rome — La basilique de San Clemente (chœur et abside)

reliques de saints, que de pratiques destinées à les honorer !... L'art s'est surpassé pour les rappeler dans de magnifiques basiliques ; le ciseau et la palette ont retracé sur le marbre et la toile les héroïsmes de leur vie et de leur mort. La tradition, cette histoire qui passe de bouche en bouche à travers les générations sans le secours de parchemin, retrace à chaque pas la mémoire de quelque nom sauvé de l'oubli, de quelque éclatante ou généreuse action, de quelque solennel instant, échelonnés à travers les âges comme les jalons de l'humanité.

Le 1er février, on va à *San Clemente* vénérer les restes précieux du glorieux martyr saint Ignace. Je me dirigeai donc vers cette basilique qui est peut-être comme antiquité la plus curieuse de Rome. Elle est située entre le Colisée et Saint-Jean-de-Latran, à gauche d'une longue rue découverte, claire et un peu montueuse... J'approche de l'amphithéâtre de Flavien... L'ombre du colosse domine au loin comme le spectre vivant des siècles qui ne sont plus...

C'est dans cette arène, qui a bu le sang de dix mille chrétiens, qu'est entré le grand évêque d'Antioche, qu'il y fut jeté aux bêtes et moulu par leurs dents pour devenir le pain du Christ.

Le seul ossement de saint Ignace, que les lions aient laissé, recueilli avec respect, par les frères qui l'avaient accompagné depuis l'Orient, fut par eux porté en triomphe à Antioche. Plus tard, il a été reporté à Rome et déposé dans la vénérable église de Saint-Clément, située à quelques pas de l'amphithéâtre.

Ses murs, maintenant émaillés de fleurs, semblent

encore défier le temps sous leur verte couronne ; on se
sent pensif et rêveur, écrasé de toutes parts par l'immensité du passé, car les grandes ruines attristent... Néanmoins le Colisée plaît à l'œil et séduit l'âme. Il avait,
ce jour-là, des ombres bleues comme le revers d'une
roche alpestre ; le pourtour opposé à l'Occident resplendissait de l'or bronzé du soleil et des siècles...
C'était vraiment beau !

J'entre dans la rue *San Giovani*, et lorsque j'en ai
parcouru la moitié, j'aperçois, au détour de la *via San
Clemente*, un petit porche, lourd, pauvre d'aspect avec
de belles colonnes dépareillées, et d'un tel caractère, en
sa simplicité primitive, qu'on se demande s'il n'a pas
vu passer le Pape Libère.

Elevée sur les ruines de la maison même de saint
Clément, pape et martyr, vicaire de saint Pierre et l'un
de ses successeurs, cette église est le type parfait des
anciennes basiliques catholiques, avec son atrium, ses
trois ambons et ses mosaïques. Elle est à trois étages
et date, dit-on, du V° siècle.

Le premier aspect de ce temple est aussi saisissant
qu'imprévu, et je ressens en y entrant une vénération
éblouie. Les humbles toits échelonnés pour envelopper
les voûtes préparent si peu la pensée aux dimensions
d'une riche église à trois nefs, qu'à l'intérêt, soudainement éveillé, se mêle un peu la magie d'une vision
surnaturelle.

En même temps que les trésors du lieu présentent
l'idéal d'un monument historique, certains morceaux
et leur distribution selon les rites primitifs font
remonter l'esprit jusqu'au lendemain des catacombes.

Qu'y a-t-il de plus merveilleux que cette très vieille mosaïque byzantine que l'on aperçoit au-dessus du *presbyterium*, et qui représente le Christ en croix et les Apôtres accompagnés chacun d'un agneau blanc ? Le fond d'or est semé de palmiers, parmi lesquels courent des arabesques et se dessinent des figures mystiques qui intéressent étrangement. Devant l'abside, les barrières antiques du transept avec leurs cartouches de porphyre, leurs couronnes tressées, leurs croix byzantines ; les ambons d'une forme si grave, le *ciborium*, les tableaux, les inscriptions ; cette prodigalité des marbres de tout âge et de toute couleur, rehaussent encore la valeur du monument. Voici l'*ara* ou table servant d'autel ; dans cette table, la « Confession », lieu où reposent les restes de saint Ignace, les corps de saint Clément et de plusieurs autres martyrs. De la porte de l'église jusqu'au chœur, on foule aux pieds les guirlandes fleuries d'un tapis splendide en marbres de couleurs, assortis il y a six siècles, c'est-à-dire au plus beau moment de l'*opus alexandrinum*.

Dans une petite chapelle, près de la porte, le grand peintre Florentin Misaccio a reproduit à fresques la vie de sainte Catherine d'Alexandrie. La tête de la sainte qui est agenouillée au moment d'être décapitée, l'œil déjà blanc, est fort saisissante.

Mais la chose la plus curieuse, c'est encore l'église souterraine, asile des premiers chrétiens, comblée pendant des siècles, et que les fouilles intelligentes du R. P. Mulloly, Prieur des Dominicains irlandais de saint Clément, ont mise à jour.

Elle vient enfin de réapparaître, encore toute parfumée des souvenirs les plus augustes et les plus saints. Un escalier large et facile, de construction récente, y conduit... Je le descends avec émotion... et je me trouve dans l'ancienne basilique constantinienne, qu'une multitude de lumières éclairait en l'honneur de la fête de saint Ignace.

Je prends plaisir à m'égarer sous ses trois nefs qui ont été bâties sur d'anciennes substructions, formées de grands blocs de tuf volcaniques. Je parcours successivement les deux nefs latérales, le *narthex* ou porche, la grande nef et l'abside. Dans la nef latérale de droite, huit colonnes de marbres divers séparent cette nef du vaisseau principal. La paroi de la muraille offre plusieurs traces de peintures anciennes ; l'une d'elles représente toute l'histoire de sainte Catherine. Les fragments de peinture que j'aperçois dans la nef latérale de gauche faisaient, sans aucun doute, partie du crucifiement de saint Pierre.

J'arrive sous le porche ou narthex. Cette partie de la basilique clémentine renferme plusieurs fresques du plus grand intérêt, mais celle qui me frappe le plus occupe le milieu du portique. Elle représente le prodige qui, d'après la légende, accompagna le martyre de saint Clément. Précipité dans la mer, le saint y fut enseveli dans un tombeau de marbre construit par les anges. On voit d'abord la ville de Cherson, puis la mer au fond de laquelle se jouent les poissons de différentes espèces, et ensuite le temple bâti par les esprits célestes. Le clergé et le peuple, précédés de leur évêque, sortent de la ville pour aller vénérer les saintes reliques. La personne qui, la première, a pénétré dans le sanctuaire, est une pauvre veuve, dont le fils avait été englouti dans les flots douze mois auparavant ; elle le retrouve vivant, à demi-agenouillé devant l'autel ; elle approche de son sein l'enfant qui lui sourit en lui tendant les bras. Sur la tête de la femme, on lit : « *Mulier vidua ;* la femme veuve » et « *Puer* », sous le pied de l'enfant. L'épigraphe explique le fait : « *Integer ecce jacet, repetit quem previa mater;* le voici sain et sauf, la mère le reçoit dans ses bras. »

Dans la grande nef, je remarque la fresque du Crucifiement de Notre-Seigneur ; Marie et Jean, tenant le rouleau des Evangiles, sont au pied de la Croix. C'est la plus antique peinture murale que l'on connaisse sur ce sujet. La première peinture que je recontre en montant vers l'abside représente les deux Marie au tombeau du Sauveur, portant, chacune, un vase d'aromates ; une lampe est suspendue devant le tombeau et un ange, montrant le sépulcre, semble dire : « Il est ressuscité ; il n'est plus ici !... »

Plus bas, Jésus-Christ descend dans les Limbes pour en délivrer un homme et une femme que l'on suppose être Adam et Ève. L'avant-dernière fresque de la grande nef est répartie en trois tableaux ; le plus élevé renferme cinq grandes figures : Notre-Seigneur, les archanges Michel et Gabriel, saint Clément et saint Nicolas, Pape.

Au-dessous, la charmante légende de saint Alexis se déroule sur ces vieux murs, divisée en trois scènes. Dans la première, Euphémien, à cheval, accueille un pèlerin et, lui montrant son palais, semble dire que là on lui accordera l'hospitalité ; dans la deuxième, Alexis, étendu sur un misérable grabat et entouré du Pape et du clergé de Rome, rend le dernier soupir; enfin dans le dernier compartiment, Euphémien et son épouse reconnaissent leur fils. Ce même pilastre est encore couvert d'une autre fresque, qui m'a beaucoup intéressée. Le haut représente saint Gilles, abbé; dans le carré du milieu, saint Blaise guérit un enfant, auquel il retire de la bouche une épine ensanglantée lui traversant la gorge et le suffoquant. Le dernier tableau figure un loup qui rejette la tête en arrière, tient fièrement sur son dos et entre ses dents un petit porc, et s'enfuit en l'emportant.

Le fait de la légende auquel cette fresque fait allusion est le suivant : Une femme n'avait qu'un seul petit porc qui lui fut enlevé par un loup. Elle pria saint Blaise de lui restituer son porc, et le saint lui répondit en souriant: « Femme, ne vous mettez pas en peine, votre porc vous sera rendu. » En effet, peu de temps après, le loup voleur revint déposer sa proie aux pieds de la femme.

De l'abside on pénètre dans deux chambres de moyenne grandeur. Le style accuse le second siècle de notre ère ou la fin du premier. Ces chambres sont probablement un reste de la maison habitée par saint Clément, et c'est là que, selon toute apparence, il réunissait les premiers fidèles. On a donc ici le plus ancien *Dominicum* de Rome chrétienne.

Le R. P. Mulloly a découvert sous le maître-autel l'urne qui contient les reliques de saint Flavius-Clémens, oncle de sainte Domitille. Le reliquaire était exposé ; je l'ai baisé... Le cœur s'épanouit avec délices dans cette asmosphère, inconnue partout ailleurs ; l'esprit contemple avec un saisissement profond ces fresques naïves, ces cryptes vénérables, ces sarcophages anciens, qui rappellent éloquemment la simplicité, la foi vive et la ferveur des beaux âges du christianisme.

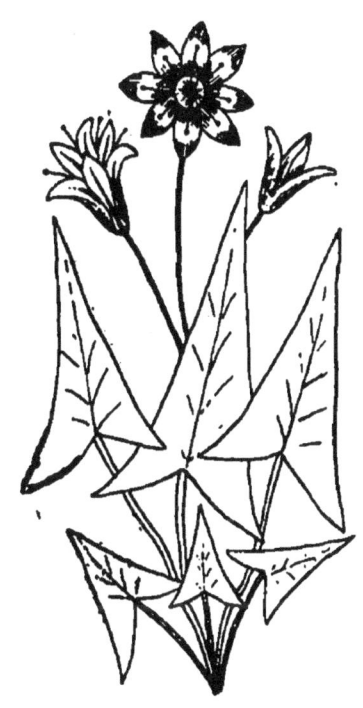

X

LE PALAIS MASSIMI

ANS la Ville Eternelle, une des choses les plus intéressantes c'est la visite des palais romains. Ils sont, en général, de somptueux musées où toutes les productions du génie humain se donnent rendez-vous. Il faudrait des années pour visiter Rome et en connaître toutes les merveilles. Ces palais grandioses qui l'envahissent sont des restes de la grande vie aristocratique, qui tend à se perdre sous le souffle démocratique dont l'air est saturé. Ils se distinguent par leur magnificence et l'élégance de leur architecture, et sont le temple des arts et du goût.

Au fond des cours, s'élèvent des fontaines sculptées avec un jet d'eau dont le continuel murmure rompt le silence, presque claustral, de ces antiques demeures. Une galerie vitrée donne sur le jardin orné de statues, d'orangers, de massifs de camélias en fleur, et vous introduit dans ces incomparables musées qu'on ne peut décrire !... il en faut la vision réelle.

Chacun de ces palais a un caractère de grandeur qui lui est propre, mais tous sont merveilleusement nobles. Celui du prince Massimo ne peut manquer d'attirer les regards, car il porte à son front demi-circulaire le glorieux nom de Balthazar Peruzzi, de cet artiste au goût exquis, à la conception originale et gracieuse. « Grand peintre, ingénieur habile, architecte éminent », il fut à son art ce que Raphaël avait été à la peinture, incarnant pour ainsi dire la poésie jusque dans la pierre.

Ce somptueux palais, aux colonnes doriques, tout imprégné d'un antique parfum, est encore la résidence des princes de son nom, illustres descendants du grand Fabius qui « sauva la République par ses lenteurs » dit Ennius.

Il n'ouvre ses portes au public qu'une fois l'an, le 16 mars, pour perpétuer la date d'un mémorable souvenir, car un grand bonheur passé est comme une lumière dont le reflet se prolonge sur les espaces mêmes qu'il n'éclaire plus.

C'est au second étage, dans une pièce, convertie depuis en ravissante chapelle, que s'est passée la scène émouvante que je vais décrire.

Nous sommes au dix-septième jour des calendes d'avril, le 16 mars 1561. Nous trouvons dans cette chambre le prince Fabricio Massimi, penché sur le lit de son cher enfant, de Paul, son fils unique, âgé de 14 ans, dernier espoir de sa noble race ; pâle, tremblant, il suit d'un œil navré les progrès toujours croissants d'un mal terrible. La princesse, sa femme, non moins désolée, presse en pleurant la main déjà froide du pauvre malade. Soudain le père se lève, dépêche un de ses gens près de saint Philippe de Néri, ce grand serviteur de Dieu, qui en a reçu le don des miracles, et s'en va guérissant parfois le corps et soulageant toujours l'âme. Mais le bienheureux est à l'autel, et le jeune prince expire entre les bras d'un prêtre voisin, du nom de Camillo.

Fabricio désolé s'approche pour remplir un dernier devoir en fermant lui-même les yeux de son fils. De son côté, Francesca, la bonne de l'enfant, apporte de l'eau pour laver, suivant l'usage, le corps du défunt et les habits dont il doit être revêtu sur son lit de mort.

Alors arrive saint Philippe : « Hélas ! Père, lui dit Fabricio, Paul est mort : il n'y a plus rien à faire. Que n'êtes-vous venu plus tôt ? » Le saint, touché d'une si juste douleur, se rend droit à la chambre mortuaire où il trouve la bonne Francesca se préparant à parer l'enfant de ses vêtements funèbres. Philippe s'approche du lit, demande de l'eau bénite, en répand sur la bouche et le visage du mort, lui impose les mains, se met en prières, le touche et l'appelle deux fois par son nom. En présence de tout le monde, Paul ouvre les yeux, répond au saint et revient à la vie.

Voilà pourquoi la famille reconnaissante rend encore grâce chaque année au Seigneur, en fêtant pompeusement saint Philippe de Néri, le jour anniversaire de ce grand miracle.

Le palais est ouvert au public... Dès le matin, la foule envahit les vestibules, l'escalier et les appartements qui conduisent au second étage et à la chambre qui fut témoin de cette scène touchante. On y a placé trois autels ; le principal est à l'endroit où se trouvait le lit de l'enfant, les deux autres sont de chaque côté.

Les messes s'y succèdent sans interruption toute la matinée, et sont célébrées par des cardinaux et des prêtres de distinction.

J'éprouvai donc une vive joie de me trouver à Rome, le 16 mars, cette année-là, et de pouvoir enfin pénétrer dans ce palais qui avait été l'objet de mes désirs lors de mes autres voyages. Je fus ravie dès l'entrée : ce péristyle antique ; cette cour enserrée de colonnades, ornée d'une jolie fontaine ; ces galeries ouvertes sur chaque étage, enguirlandées de verdure et de plantes exotiques ; ces salons aux meubles anciens, aux vitraux enchâssés dans le plomb, enrichis d'œuvres d'art remarquables, entre autres le fameux discobole, que l'on regarde généralement comme une copie en marbre de la même statue en bronze de Miron, sculpteur grec ; tout se réunit pour charmer le regard et raviver la pensée.

Des domestiques en livrée grise et rouge recevaient les visiteurs et maintenaient l'ordre dans cette multitude de tout rang, de toute condition, qui se pressait, se coudoyait pour arriver jusqu'à la chapelle. Lorsque j'y pénétrai, l'orgue faisait entendre une douce mélodie. Un cardinal était à l'autel. Les tons infiniment variés de l'or des décorations composaient une lumière joyeuse irradiée, féconde en surprises, toujours changeante. Il ne se peut rien imaginer de plus original, de plus étrange. Tout dans ce sanctuaire est beau, grave et charmant, les souvenirs y sont rendus plus vifs encore par la présence d'une des côtes de saint Philippe de

Néri renfermée dans un magnifique reliquaire et qu'on expose à la vénération des fidèles. Plusieurs tableaux extrêmement anciens, à demi effacés, semblent répandre sur le jeune éclat des marbres modernes, une teinte de piété antique, qui est comme l'ombre des siècles écoulés.

Après avoir prié et entendu plusieurs messes, je quittai, très émue, ce lieu témoin d'un si grand prodige, en bénissant Dieu de la puissance qu'il accorde à ses saints. Je m'arrêtai longuement dans chaque salle pour admirer les trésors artistiques qu'elle possède. J'entrevis l'appartement particulier de la princesse Massimo admirablement paré de fleurs. Dès le matin, elle est en grande toilette pour recevoir au sortir de la chapelle les nombreux amis qui viennent la féliciter. Suivant l'usage romain, elle offre la *collazione*. Jusqu'à midi, il y a table ouverte de chocolat, café, glaces et bonbons.

Pauvre princesse, elle ne pensait pas alors jouir de cette fête pour la dernière fois. Quinze jours après, je lisais dans la *Croix* : « Nous apprenons avec regret la
« mort d'une grande chrétienne romaine, Dona Maria
« Massimo, princesse douairière d'Arsoli, veuve du
« prince Camillo Massimo, décédée à Rome à la suite
« d'une pleurésie, et réconfortée par une bénédiction
« spéciale envoyée par le Saint-Père. »

Dieu a dû la recevoir au Ciel aussi bien qu'elle recevait ses frères sur la terre, et lui donner la récompense méritée par ses vertus.

Le soir du 16 mars, je retournai de nouveau au palais Massimi afin de mieux me pénétrer de ses beautés et voir les lunettes et le rosaire de saint Philippe qu'on devait faire baiser. La foule était aussi compacte que le matin et j'eus grand'peine à me frayer un passage. J'admirais ces bons romains dans leur dévote simplicité, ils s'inclinaient pieusement devant l'autel, en élevant leurs regards vers le ciel. Les yeux laissent deviner la prière du cœur. C'est là que j'ai vu des prières éloquentes, car on reconnaît ceux qui obéissent à l'habitude, ceux qui demandent, ceux qui remercient, ceux qu'amène l'amour !...

En quittant la chapelle, je traversai la cour pour aller contempler la façade postérieure du palais, du côté de la place Navone. Elle est fort curieuse et ornée d'excellentes peintures en clair-obscur de Daniel de Volterra.

Cette visite au palais Massimi me laissera d'ineffaçables souvenirs, c'est une des fleurs de Rome dont j'ai le mieux respiré le parfum.

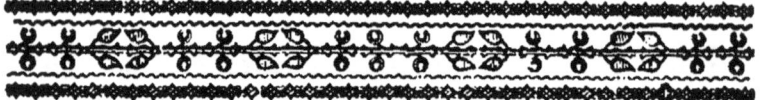

XI

LA MAISON DE PUDENS

SAINTE PUDENTIENNE ET SAINTE PRAXÈDE

A Ville Eternelle est un musée et un conservatoire, où l'on marche à chaque pas sur un grand souvenir, et où toute rue percée en ligne droite risque de détruire un témoignage du passé. Lorsqu'on y pénètre à pied, on y fait de toutes parts les rencontres les plus saisissantes.

C'est ainsi qu'en explorant les alentours de Sainte-Marie-Majeure, je découvris une église à l'antique clocheton, dont la façade ornée de belles mosaïques, fraîchement réparées, semble sortir d'un puits, la rue passant à la hauteur de la frise. Quel dommage qu'on ait ainsi dérangé l'image traditionnelle et séculaire de Rome en aplanissant les pentes de l'Esquilin, en comblant pour ainsi dire la vallée qui le séparait du Viminal ! Car ce lieu est un des plus vénérables de la cité sainte. En l'an 42, habitait là le sénateur Pudens. Un jour, un étranger à l'air humble et pauvre vint lui demander l'hospitalité. Elle lui fut généreusement accordée. Pudens reçut, en retour de sa charité, le don précieux de la foi, car ce voyageur n'était autre que l'apôtre saint Pierre. Il convertit toute la famille du sénateur, sa mère nommée Priscille, sa femme Claudia, qu'on dit bretonne, noble gloire pour ce coin de France, ses deux fils Novat et Timothée, avec leurs serviteurs. Dès lors, la maison de ces fervents néophytes devint un cénacle. Le Vicaire de Jésus-Christ y séjourna pendant sept ans, y célébra les augustes Mystères, y présida les synaxes, y donna l'onction sacrée à saint Lin et à saint Clet, ses successeurs. Cette demeure florissante de sainteté resta ouverte aux Frères, ainsi se nommaient alors les disciples du Christ. Ici, l'on vit réunis dans un palais romain, le courage, la prière, la chasteté, l'humilité, la charité. Ici ont été affranchis les premiers esclaves.

Du petit-fils de Pudens, naquirent Praxède et Pudentienne. Leur père transforma sa maison en église. Le chant des hymnes y retentissait nuit et jour, et beaucoup de païens y venaient chercher le baptême.

Saint Paul lui-même fréquenta plus tard l'habitation de Pudens, et Dieu sait tout ce que les premiers apôtres du christianisme ont dit, ont fait dans ce lieu vénérable. De cette maison est sortie toute une civilisation nouvelle pour Rome et pour le monde !...

Cependant la persécution s'était déclarée : Pudentienne et Praxède vendirent tous leurs biens afin de les distribuer aux pauvres. Fleurs de virginité, fidèles à l'amour du Christ, elles persévéraient ensemble dans les saintes veilles, le jeûne et la prière.

Elles recueillaient les corps des martyrs, prenaient leur sang avec des éponges, le faisaient couler dans les fioles funéraires et dans les puits où elles descendaient furtivement les restes sacrés de leurs frères ; tel était le périlleux objet de leur infatigable charité.

Or, Pudentienne, n'ayant que seize ans, s'en alla au Seigneur ; sa sœur l'enveloppa de parfums et la tint cachée jusqu'à ce qu'on pût la porter au cimetière. Restée seule, Praxède continua d'assister le Christ. Après quoi, accablée d'afflictions, elle souhaita de mourir. Ses larmes montèrent au ciel et, peu après, elle émigra de la terre pour passer à Dieu.

Telles sont les origines de l'antique église que je venais de découvrir. Témoin des vertus de la vierge Pudentienne, elle prit et garda son nom.

J'éprouvai une douce jouissance à la visiter, car, à la grande voix des siècles écoulés, à la magnificence des arts, se mêlait l'ineffable souvenir de la jeune sainte, ce qui en doublait pour moi le charme et l'intérêt.

Divisée en trois nefs, par douze colonnes de marbre gris, elle a un cachet d'ancienneté qui séduit dès l'abord.

La mosaïque qui décore l'abside est une des plus belles de Rome chrétienne. On l'attribue au IVe siècle. Cette mosaïque est un vrai tableau, où toutes les conditions du style pittoresque sont fidèlement conservées : disposition savante et animée des personnages, distribution par groupes et à des plans divers, draperies franchement accusées, nobles plis, amples étoffes, attitudes variées, accent individuel, tous les traits essentiels de l'art antique sont là encore vivants ; vous ne sentez la décadence qu'à certaines faiblesses d'exécution et de détail, et, par compensation, vous découvrirez dans ces figures des trésors tout nouveaux, d'austères et chastes impressions, une fleur de vertu, une grandeur morale, dont les œuvres de l'antiquité, même les plus belles, ne sont jamais qu'imparfaitement pourvues. La disposition générale est imposante, la composition habile, le dessin ferme et expressif. Sainte Praxéde est remarquablement belle, la tête de saint Pierre est d'un grand style.

Au centre de l'hémicycle, le Christ est assis sur un trône splendide ; de la main droite il bénit, de la gauche il tient un livre ouvert sur lequel on lit ces mots : *Dominus conservator ecclesiæ Pudentianæ ;* le Seigneur conservateur de l'église de Sainte Pudentienne.

En arrière du trône, s'élève un monticule de forme conique, sur lequel est plantée une grande croix d'or, couverte de pierreries.

Au-dessus de la croix, j'aperçois les images symboliques des quatre Évangélistes. Près de ce groupe est un vieillard, Pudens, père de Nova et de Timothée, qui sont sans doute mêlés aux personnages vus en buste vers les extrémités.

Une partie du chaste corps de Pudentienne repose sous le maître-autel avec ceux des saints Pudens et Novatus.

Une chapelle très profonde, très étroite, longe le chœur. La grille en est fermée, mais le custode auquel je donnai la *buono mane*, s'empressa de l'ouvrir et de me faire remarquer le pavé de mosaïque qui est celui de la maison de Pudens, dont j'admirai la parfaite conservation. L'autel en est dédié à saint Pierre. Je vis une partie de la table de bois sur laquelle le prince des Apôtres offrit le saint Sacrifice. Elle porte pour inscription : « Sur cet autel, saint Pierre offrait le corps et le « sang du Seigneur pour les vivants et pour les morts, « afin d'accroître la multitude des fidèles. » Un groupe en marbre représente le Sauveur remettant les clefs à saint Pierre. Il est de Della Porta.

Plus loin, je m'arrêtai devant les marches d'un autel latéral portant l'empreinte d'une Hostie consacrée, qui glissa des mains d'un prêtre incrédule pour s'y imprimer en profession de foi indélébile.

En me dirigeant vers la porte d'entrée, je rencontrai le puits grillé, reliquaire immense où les deux courageuses vierges ensevelirent près de trois mille martyrs. On en retira en outre une éponge, toujours rouge de sang, que j'ai pu contempler ainsi que la pierre des fonts baptismaux dans lesquels baptisait saint Pierre.

Il me restait à visiter la sœur aînée de cette sage Pudentienne, qui, en peu d'années, se revêtit d'une si grande gloire pour le ciel.

L'église qui lui est dédiée se trouve également dans le voisinage de Sainte-Marie-Majeure. Comme la précédente, elle possède un puits vénérable où la jeune sainte cachait les corps des martyrs. Une belle statue l'y représente, à genoux, penchée vers l'ouverture, pressant avec précaution une éponge teinte de sang.

La mosaïque de l'abside excita aussi mon admiration. Elle représente la Jérusalem céleste. De nombreux pèlerins y arrivent de toutes parts, chargés de présents.

Au milieu de l'éternelle cité, image du ciel, est le Sauveur, laissant paître de blanches brebis ; à droite sont saint Paul et sainte Praxède, ayant un vêtement d'or et de pierreries, puis le pape Pascal, portant le nimbe carré, tenant en ses mains le modèle de l'église.

A gauche, saint Pierre présente sainte Pudentienne, vêtue comme sa sœur ; plus loin le palmier, l'arbre du martyre, où voltige le phénix, emblème de la résurrection.

Le maître-autel est surmonté d'un superbe baldaquin aux colonnes de porphyre. Le tableau du fond, chef-d'œuvre de Jules Romain, représente Praxède et Pudentienne épongeant le sang des martyrs et le faisant couler dans l'orifice d'un puits. Une double rampe en marbre rouge antique conduit au sanctuaire, ce sont, dit-on, les plus grands blocs connus de cette couleur. Napoléon avait convoité ces degrés pour son trône ; l'ordre qu'il avait donné de les enlever ne put recevoir son exécution, et ils continuent à faire l'un des plus beaux ornements de Sainte-Praxède.

Dans une chapelle latérale, dédiée à saint Charles Borromée, qui porta le titre de cette église comme cardinal, on conserve la table où ce saint servait chaque jour douze indigents. Je l'ai considérée avec émotion, ainsi que le fauteuil de bois qui lui tenait lieu de siège épiscopal, sa mitre et sa mosette. Plus bas, encastrée dans le mur, défendue par une grille, je vis une longue pierre qui porte ces mots : « Sur ce marbre dormait la vierge Praxède. » Une autre chapelle attira mon attention. Elle contient la plus auguste de ces précieuses reliques : la colonne antique de jaspe sanguin à laquelle

Notre-Seigneur fut attaché au prétoire, durant sa douloureuse flagellation. Elle a été apportée de Jérusalem en 1213, par le cardinal Colonna.

L'oratoire qui la renferme est encore tel qu'il fut construit dans son style byzantin, émaillé de ses belles mosaïques, fleurs immortelles épanouies à souhait pour le plaisir des yeux et qui lui ont mérité le surnom d'*orto del Paradiso*.

A l'entrée de cette chapelle, on lit cette inscription, qui chasse encore la femme de ce paradis terrestre en souvenir du péché d'Eve : « *In questa santa capella non possono entrare le donne soto pena di scomunico*. Dans cette sainte chapelle les femmes ne peuvent entrer sous peine d'excommunication. » Mais le 2ᵉ dimanche de Carême, les femmes se dédommagent. Elles peuvent y pénétrer et les hommes en sont exclus. Chacun son tour !...

Quand je quittai ces lieux remplis de tant d'édifiants souvenirs, la nuit commençait à tomber, mais une nuit douce et merveilleuse comme une nuit de mai. La vieille Rome profilait ses palais, ses églises, ses tours, ses clochers innombrables sur le firmament d'un bleu sombre piqué d'or, pendant que les quatre cents cloches de la Ville Eternelle portaient harmonieusement dans l'azur le salut du soir à la Vierge de Nazareth.

Cette heure solennelle de l'*Ave Maria*, je n'ai jamais pu l'entendre vibrer sans un tressaillement.

Il semble qu'au son de cette musique aérienne, l'âme déploie ses ailes pour s'élancer aux pieds de Celle qui répondit à l'Ange : « *Ecce ancilla Domini, fiat mihi secundum verbum tuum*. Je suis la servante du Seigneur ; qu'il me soit fait selon votre parole. »

XII

LA FRANCE A ROME

UN SOUVENIR DE SAINT-LOUIS DES FRANÇAIS

NTRE toutes les églises de Rome, si vastes, si solennelles, si riches, il y en a une que j'aime de préférence et vers laquelle je dirigeais souvent mes pas. C'est celle où je retrouvais un coin du sol natal et comme un morceau de la patrie, qui a sa place dans la mosaïque de Rome, qui est le centre religieux de l'unité française, où j'entendais prêcher dans notre langue, où j'étais en famille, au milieu de nos prêtres, entourée de tombes nationales et de souvenirs glorieux. Saint-Louis des Français, n'est-ce pas l'histoire de France à Rome ?...

Sa majestueuse façade, œuvre de Della Porta, est ornée des statues de Charlemagne, de saint Louis, de sainte Clotilde et de Blanche de Castille. Au-dessus du portail s'élève l'écusson français où s'épanouissent dans leurs champs d'or les trois lis de France, que

Rome n'a pas fait disparaître, car elle est la gardienne fidèle du passé.

De chaque côté de la porte se dressent les deux grandes salamandres de François Ier, cet ami de Léon X.

Je monte lentement un large escalier, je suis dans la basilique française enveloppée de marbres, de fresques, de tombeaux.

Elle est claire, noble et riante comme le génie français. Son intérieur est délicieux d'architecture et de décoration. Je remarque en entrant deux bénitiers en marbre jaune, au-dessus desquels je lis cette inscription répétée de chaque côté : « Quiconque prie pour le roi de France gagne cent jours d'indulgences. » Le roi très chrétien est, sans doute, le seul roi de la terre qui jouisse d'un pareil privilège. La nef est tout incrustée de jaspe de Sicile veiné de rose et de blanc ; d'excellentes peintures ornent le plafond et les chapelles. Le chef-d'œuvre de Bassano, l' « Assomption », décore le maître-autel.

Avec quel bonheur mon œil rencontre ici des sujets tout français, merveilleusement rendus par les artistes qui ont su s'inspirer des plus pures gloires de notre patrie.

A la voûte, saint Louis monte au ciel, d'où il va continuer de veiller sur la France qui pleure sur son tombeau. Il tient à la main le calice où il a puisé le Viatique du voyage ; sur la terre, la reine en pleurs est appuyée contre le cénotaphe de son époux ; un chevalier croisé tient auprès d'elle l'étendard de France orné de la croix. Au fond du tableau on aperçoit le camp français et les pestiférés à qui un prêtre porte secours.

C'est très touchant. J'admire aussi la « sainte Cécile » de Raphaël, copiée par le Guide. Elle est représentée distribuant ses richesses aux pauvres, puis mourant sous le sombre pinceau du Dominiquin. Dans la chapelle de saint Rémi, Clovis invoque le Dieu de Clotilde à la bataille de Tolbiac. Plus loin, c'est Jeanne de Valois, la sainte fondatrice des Annonciades.

Les tombeaux de Saint-Louis sont aussi d'un grand intérêt. J'y vois ceux de sept cardinaux français, de cinq ambassadeurs de France, de quatre directeurs de l'Académie, celui du grand Maître de Malte, le chevaleresque Jean de Cassière ; mais le plus touchant à mon avis est celui du magnanime Pimodan, cette fleur de la noblesse de France, qui empourpra de son sang le plus saint des drapeaux. Une triple dalle de marbre blanc recouvre ce noble héros ; cette tombe si simple rayonne par l'éclat de son épitaphe. On y lit la modeste inscription suivante : « Ici repose Georges de Pimodan, né le 29 janvier 1832, mort le 18 septembre 1860. »

Du haut du ciel, saint Louis a dû tressaillir de joie, en voyant son église devenue dépositaire du corps de ce nouveau croisé qui avait pour devise : « Plutôt la mort que le déshonneur. »

Pimodan était mort en défendant le Saint-Siège sous les yeux de Notre-Dame de Lorette ; il était juste que son tombeau fût placé à Saint-Louis dans la chapelle de la Sainte-Vierge.

Je m'arrête également devant le monument érigé en 1852 par la France, à la mémoire des soldats français qui succombèrent pour la défense de Rome. J'allai ensuite à la sacristie admirer la plus charmante de toutes les merveilles : une Vierge admirable, attribuée au Corrège.

A Saint-Louis, on se sent vraiment chez soi ; on y respire l'air de la patrie, et Mme de Swetchine, qui aimait tant Rome, avait raison de dire : « On y vit encore « moins au milieu de ses frères qu'au milieu de ses « ancêtres, ce qui mêle quelque chose de filial à toutes « les impressions ! »

Cette chère église me laissera d'ineffaçables souvenirs :

Une âme d'élite que j'ai eu le bonheur de particulièrement connaître était venue à Rome pour y mourir. Elle a voulu que notre église nationale reçoive sa dépouille mortelle, de préférence à toute autre.

Et le 12 mars 1898, son vœu était exaucé... Devant le chœur, au milieu d'un carré laissé vide, son cercueil fut déposé à quelques centimètres du pavé selon la forme noble *in forma nobilium*... Point de prétentieux et d'encombrant catafalque, point de riches tentures, point de luxueux luminaire...

Des cierges, groupés par trois, sont disposés à terre sans symétrie. Seuls, deux grands chandeliers contiennent un énorme cierge qui brûle l'un à la tête, l'autre aux pieds du corps. C'est humble et c'est grand !...

Une assistance d'élite remplissait la vaste nef. Les plus illustres représentants du patriciat romain s'y rencontrèrent avec les protégés de la Conférence de Saint-Vincent de Paul.

Les chefs d'ordre et les cardinaux y figuraient à côté des délégations d'orphelinats et de communautés pauvres, car celle dont la dépouille mortelle était là, avait su gagner de nombreuses sympathies, chez les humbles par son inépuisable charité, dans son monde et dans le clergé pas la charmante et si chaude cordialité de son accueil.

Elle emportait d'unanimes regrets... A Rome, où cette âme admirable venait chaque année accompagner son mari, qui était camérier d'honneur de Sa Sainteté Léon XIII, elle était aimée et appréciée.

Maintenant elle attend la résurrection glorieuse dans la terre sainte du « Campo Verano » l'immense cimetière de Rome, où elle a voulu être inhumée (1). Tout près, la vieille basilique de Saint-Laurent-hors-les-Murs dont j'ai parlé dans mon premier volume, abrite la dépouille du grand Pape Pie IX. Autour du chevet de la basilique, se pressent les tombes des fidèles, dominées par le monument magnifique élevé à la mémoire des zouaves pontificaux. Il ne faut pas s'étonner que Madame d'Aubigny, qui a toujours aimé d'un ardent amour la Papauté et l'Eglise, ait désiré reposer là-bas.

Saint-Louis des Français me sera désormais doublement chère : comme étant notre église nationale, et comme ayant possédé les restes mortels d'une grande chrétienne, d'une noble française, ce qui ajoute à sa gloire une auréole de plus.

---

(1) Les restes mortels de Madame la Baronne d'Aubigny, car c'est d'elle dont il est ici question, après avoir été exposés quelque temps au *Campo-Verano*, ont été ramenés à Aubigny et inhumés, le 23 novembre 1899, dans un caveau de famille, à côté du Baron d'Aubigny. Mgr l'évêque de Moulins a présidé ces dernières obsèques de l'insigne bienfaitrice de son Petit-Séminaire.

XIII

LES TRÉSORS DU TRANSTÉVÈRE

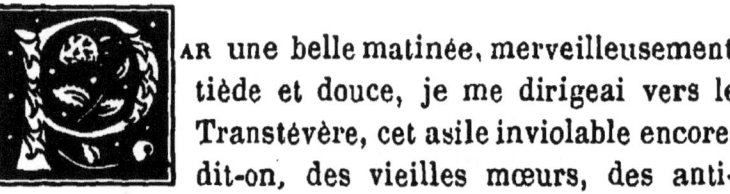AR une belle matinée, merveilleusement tiède et douce, je me dirigeai vers le Transtévère, cet asile inviolable encore, dit-on, des vieilles mœurs, des antiques traditions romaines, dans cette région pacifique et privilégiée si riche en sanctuaires vénérés et en monuments précieux aux yeux de la foi. Je voulais les admirer et les étudier à loisir et voilà pourquoi j'avais choisi cette heure matinale, si agréable en Italie. Le ciel de mars était délicieusement pur ; à la jeune fraîcheur de la saison, s'ajoutait ce je ne sais quoi de suave et de caressant qui flotte dans l'air romain et s'insinue au plus profond de l'âme, cette sorte de volupté lente qui fait paraître tout meilleur et plus facile. Des camélias, couverts de fleurs éclatantes, se dressaient dans les jardins, et les feuilles luisantes des grands magnolias, ornement des cours, semblaient fraîchement vernies en l'honneur de cette belle journée.

Je traversai le Tibre sur le *ponte Quattro Capi* (pont

des 4 têtes) et je me trouvai en plein Transtévère, près de la vénérable église cardinalice de Saint-Barthélemy-en-l'Isle. Elle fut bâtie l'an 997, par Othon II, mais elle a été restaurée plusieurs fois.

Je la visitai avec un vif intérêt, car elle conserve, au milieu de ses diverses transformations partielles, ce caractère indéfinissable, essentiellement propre aux vieilles églises romaines. Le maître-autel est formé d'une magnifique urne en porphyre dans laquelle repose le corps du saint titulaire, ainsi que ceux de sainte Exupérance et de saint Marcellin, qui ont été découverts dans le puits que j'aperçus devant l'autel.

Je continuai ensuite ma route à travers ces rues étroites, tortueuses et originales du Transtévère où le linge sèche aux fenêtres, où les boutiques en plein vent exhalent l'odeur des *fritellés* et du *brocoli*. Des femmes aux airs de matrones vendent ces produits locaux avec une importance et une majesté qui me surprend... Elles ont des gestes et des mouvements d'impératrice, leurs yeux semblent des flammes douces sous l'ombre des grandes paupières pensives ; rien de gracieux comme les enfants dont les boucles épaisses encadrent un frais visage et des yeux largement fendus. Les hommes que je rencontre ont conservé les traits distinctifs du romain de vieille souche, du romain pur sang. Ils sont fiers, graves, dignes, calmes, presque flegmatiques.

Les Transtéverins ne sont pas seulement célèbres par leur haute origine (car ils se prétendent issus de Romulus et même d'Enée), ni par leur type de beauté accomplie, ni par leur caractère hardi, entreprenant, mais encore, mais surtout, par leur dévouement au

Saint-Siège et au Vicaire de Jésus-Christ. Ce sont eux qui, en 1849, détruisirent les barricades garibaldiennes et ouvrirent les portes de Rome aux Français.

Ce peuple m'intéresse presque à l'égal des monuments. Il est comme sur un théâtre, il orne un décor. On reconnaît en lui les descendants des maîtres du monde. Je n'ai jamais vu de race plus belle. Est-ce la paresse, la vie de loisir, ou cette beauté n'est-elle que l'œuvre du climat, d'un beau ciel, des eaux pures et abondantes, de la lente sélection des siècles ?... Je ne saurais le dire ?.... Mais ces gens ne connaissent pas les ardeurs, les durs combats de notre civilisation ; ils vivent nonchalamment de l'or que la foi, la curiosité, l'amour des arts, leur apportent, comme un tribut, parmi les palais, les statues, les colonnes, les obélisques, dans des jardins enchanteurs, au milieu de tout ce que la peinture, la sculpture ont produit de plus merveilleux, amusés de fêtes perpétuelles, de cérémonies, de chants, de spectacles magnifiques. Ils se savent grands, l'envie du monde catholique, et cela leur suffit...

Je croise plusieurs moines de noble allure, à la mine pensive ; de robustes paysans chargés de denrées ; des groupes de séminaristes aux soutanelles rouges, noires ou bleues, quelques *bersaglieri* la plume au vent... tout fait partie d'un tableau... La vie remue encore sur ces ruines, mais ce n'est pas la vie inquiète, agitée, turbulente de nos villes ; elle garde une lenteur, une majesté qui lui donne quelque chose du rêve...

Tout en subissant le charme incontestable de cet intéressant quartier, je cherchais à découvrir un des plus précieux trésors du Transtévère. Je veux parler de l'église de Sainte-Cécile. Au détour d'une venelle étroite et pauvre, je l'aperçus enfin. Elle s'élève au fond d'une cour comme la chapelle d'un couvent. Cette cour qui possède un immense vase antique de marbre très curieux, est l'ancien *atrium* du palais de Valérien, époux de Cécile. Comme les souvenirs, ici, deviennent pour ainsi dire palpables, puisque cette basilique a été élevée sur l'emplacement de la maison qu'elle habita !.

On n'y entre point sans attendrissement. Je suis éblouie dès le seuil, par la superbe Confession dont la rampe de marbre supporte un grand nombre de lampes toujours allumées.

Je me dirige immédiatement vers elle... Quelle merveille que cette Confession? Rien de gracieux comme le baldaquin de marbre de Paros qui le surmonte, rien de riche comme le pavé d'albâtre et de pierres précieuses qui s'étend devant le tombeau placé sous le maître-autel. Rien de magnifique comme ce tombeau? La statue de la sainte en fait le principal ornement. Maderno qui le sculpta avec une délicatesse infinie, lui a conservé la position dans laquelle fut retrouvé son corps dans un des *loculi* des catacombes, après six cents ans. Elle est étendue, légèrement inclinée sur le côté, le visage tourné vers le sol. Les mains sont jointes. Elle priait encore quand elle exhala le dernier soupir, après trois jours de lutte cruelle entre la vie et la mort.

C'est avec un redoublement de piété émue que je visite le *caldarium* (chambre de bain), où semble planer la radieuse image de sainte Cécile, non plus seulement dans ses riches atours de patricienne, sa robe d'or et son voile de fin tissu, mais parée du vêtement des vierges qui suivent l'Agneau dans les régions éternelles, et sa belle tête ceinte d'une éblouissante auréole.

Je touche les tuyaux qui portaient la vapeur dans la salle de bain, puis une chaudière parfaitement conservée.

Je m'agenouillai et baisai avec respect ce pavé qu'elle arrosa de son sang.

D'une noble et très ancienne famille, ayant fourni je ne sais combien de héros à Rome, Cécile connut et aima le christianisme dès sa plus tendre jeunesse. Non contente d'y avoir amené Valérien, son époux, et Tiburce son beau-frère, elle les encouragea à marcher bravement au martyre, dont ils conquirent la palme avant elle. Ne cessant de faire à Jésus-Christ de nombreux prosélytes, elle s'attira le courroux du préfet Almachius qui la traduisit à son tribunal. Au pied de ce tribunal, en présence même du farouche proconsul, elle fit encore au Christ quarante conquêtes. C'en était trop, sa mort fut résolue. On la condamna à mourir étouffée dans sa propre salle de bain. Elle y fut donc enfermée ; mais bien qu'on chauffât outre mesure les tuyaux communiquant la chaleur, la sainte n'était nullement incommodée. Le préfet la condamna alors à être décapitée. A trois reprises différentes un licteur essaya, sans y parvenir, de lui abattre la tête... La loi défendait au bourreau de frapper plus de trois coups. Il se retira, laissant Cécile étendue, baignée dans son sang, sur le pavé de la salle de bain. Ses amis dans la foi l'entourèrent. Voyant leur désolation, elle les consolait et les suppliait de persévérer dans la grâce du Seigneur.

Le pape Urbain étant venu la voir, elle lui dit : « J'ai demandé au Seigneur un délai de trois jours, ô « Père, afin de pouvoir remettre mon trésor aux mains « de Votre Béatitude. »

Ce trésor, c'étaient les pauvres dont elle prenait soin. Elle légua aussi au Pontife sa maison, afin qu'elle devint un temple chrétien.

Ses dernières volontés exprimées, Cécile s'affaissa doucement et rendit le dernier soupir.

Au IXe siècle, Pascal Ier convertit en basilique l'église construite sur la maison de Cécile, et il y transporta ses reliques miraculeusement retrouvées dans les catacombes, après une apparition de la sainte, qui vint révéler elle-même le lieu à peu près ignoré de sa sépulture.

Comme la plupart des monuments de Rome, cette église souhaitée par Cécile, occupant la place de son cher palais, est à la fois une galerie de chefs-d'œuvre et un immense reliquaire.

L'abside offre une superbe mosaïque du temps de Pascal, pieux ex-voto qui, bravant les siècles de sa multiple cuirasse, nous est un nouveau témoin de la tendre dévotion de ce pontife. Elle possède d'admirables statues, des mausolées splendides, parmi lesquels brille, comme une fleur de marbre, celui du Cardinal Sfondrate, ce grand bienfaiteur de sainte Cécile.

Je quittai avec peine ce lieu béni, si rempli d'attraits, et continuai ma route parmi le long dédale des rues du Transtévère ; je passai devant le vieux couvent de

Saint-François a *Ripa*, que j'ai décrit dans mon premier volume, et j'arrivai devant une église d'apparence modeste, mais qui possède également un trésor sans prix, le pied de sainte Thérèse. *Santa Maria della Scala* est son nom. Elle est peu visitée des touristes, même des pèlerins, qui ne savent ni son passé, ni le joyau précieux qu'elle renferme. Cette église, bâtie en grande partie avec les aumônes des fidèles, doit son origine à une image miraculeuse de la sainte Vierge.

C'était en 1592, l'image se trouvait alors peinte dans l'escalier (*scala*) d'une masure construite sur l'emplacement actuel de l'église. La pauvre femme qui l'habitait avait un fils estropié, et elle priait chaque jour avec une grande ferveur devant cette image pour obtenir sa guérison. Désespérée de ne pas être exaucée, un jour elle s'écria : « Et pourtant, ô Marie, si vous me demandiez quelque faveur, je vous l'accorderais aussitôt ! » Cet élan de douleur maternelle toucha le cœur compatissant de la Mère de Dieu, qui obtint immédiatement de Dieu, la grâce sollicitée pour l'enfant.

Cette église, qui appartient aux Carmes déchaussés, est charmante. Sur le maître-autel est un magnifique tabernacle, incrusté de pierres précieuses et décoré de seize colonnes de jaspe oriental. Après l'avoir admiré, je priai le Père carme, qui servait de cicerone, de me montrer le pied de la sainte réformatrice de son ordre.

Il me conduisit vers la chapelle de sainte Thérèse, ornée de marbres et de dorures. Un bon tableau de Francesco Mancini représente la grande espagnole à

Fontaine Trévi

genoux, les yeux au ciel, écrivant sur son prie-Dieu. L'un des anges qui l'entourent, par un gracieux mouvement, se penche pour regarder ce qu'elle écrit. Une belle statue de saint Joseph et une de la sainte, de l'école du Bernin, complètent la décoration de cette chapelle.

Je m'agenouillai devant la balustrade de l'autel, pendant que le Révérend Père, revêtu du surplis et de l'étole, allumait les cierges et ouvrait le tabernacle qui contenait la précieuse relique.

Je vis alors, à travers le cristal, ce pied de la séraphique vierge qui fit tant de pas pour la gloire de Dieu et le bien des âmes. Il est entier et parfaitement conservé ; la chair a jauni par la dessiccation, mais elle recouvre les os ; on distingue très bien les doigts du pied, les ongles, le talon. Sa petitesse, la distinction de sa forme, montrent qu'il appartenait à une femme de la meilleure condition. Quelle merveille de grâce Dieu opère en ses saints ! Ces ossements qui depuis tant d'années devraient être dépouillés de leur chair, disloqués et réduits en poudre, sont là avec la forme qu'ils avaient du vivant de la sainte et prêts, il semble, à se mettre en marche. C'est alors que l'on peut chanter le verset du psaume : « Dieu est admirable dans ses saints. » Le Père approcha cette relique de mes lèvres, la posa sur ma tête en me bénissant, puis il la renferma respectueusement dans le tabernacle qui lui sert d'asile.

Je me relevai bien émue, très heureuse d'avoir profité d'une si précieuse faveur, priant cette grande sainte de m'accorder les grâces que je sollicitais de sa protection.

J'allai ensuite vénérer l'image miraculeuse de la Vierge *della scalla*, puis dans la première chapelle à droite, la « Décollation de saint Jean-Baptiste », ouvrage classique de Gérardo delle Notte.

Après avoir exprimé ma gratitude au Révérend Père par de chaleureux *grazie*, je continuai à errer parmi les rues étroites et sans trottoirs du Transtévère, jusqu'à ce que, rencontrant une place qu'une jolie fontaine égaye du bruit de ses eaux, j'aperçus devant moi la façade ornée de fresques de *Santa Maria in Translevere*. Cette basilique remonte au pontificat de saint Calixte qui en fit la consécration en l'année 224, mais elle fut rebâtie au huitième siècle par Grégoire III.

Sainte-Marie du Transtévère a remplacé une sorte d'hôpital militaire fondé par les empereurs romains et nommé *taberna militaria*.

C'est pourquoi on lit sur la façade une inscription latine dont voici le sens : « Occupée par le soldat émérite, « je suis le grand hospice ; occupée par Marie, je m'ap- « pelle plus grande, et je le suis ; alors je répands de « l'huile emblème de la grande miséricorde du Christ « naissant, et maintenant je la donne à ceux qui la « demandent. »

Il me fallait ce bijou pour compléter l'écrin de perles récoltées ce matin au Transtévère. En entrant dans cette magnifique église, mon regard se perd dans la perspective lumineuse de ces trois nefs, soutenues par de belles colonnes de granit provenant d'un temple d'Isis et de Sérapis, dont on voit encore les têtes aux chapiteaux ; de ce pavé, incrusté de porphyre et de marbre de toutes nuances, qui rayonne comme un miroir multicolore ; de cette voûte, ornée de riches écussons dorés au milieu desquels le Dominiquin a peint une ravissante Assomption ; de cette merveilleuse Confession qui renferme les restes de saint Calixte, pape et martyr, et de plusieurs autres saints... Tant de splendeurs éblouissent. Dans ce temple, le premier de Rome dédié à la très sainte Vierge, se trouve tout ce qui peut élever l'âme, la toucher, la porter à Dieu et à l'amour de sa divine Mère. Aussi est-il un des pèlerinages les plus chers aux Romains.

Voici l'ouverture circulaire pratiquée dans le pavé, au-dessus de laquelle je lis ces mots : « Ici coula une « fontaine d'huile, lorsque le Christ naquit de la « Vierge. »

C'est, en effet, dans ce lieu même que, sous le règne d'Auguste, ainsi que le rapporte une pieuse tradition, une source d'huile jaillit miraculeusement de terre et coula pendant un jour avec une telle abondance qu'elle alla rejoindre le Tibre. On a toujours regardé ce prodige comme un présage de l'avènement du Messie, du Christ, l'Oint du Seigneur.

Je découvre dans la chapelle des chanoines la miraculeuse image connue sous le nom de la *Madona de Strada Cupa*. Que son histoire est touchante ?... Autrefois comme aujourd'hui, c'était la coutume à Rome, de placer, aux angles des rues, des Madones que l'on environnait d'hommages et près desquelles se consumait lentement une veilleuse tremblotante. Au commencement du XVIIe siècle, un pauvre homme avait une dévotion spéciale pour une Madone peinte sur le mur d'une vigne dans la *Strada Cupa*; il l'ornait de fleurs et de couronnes, la priait avec une foi vive et obtenait des grâces abondantes.

Il vint un moment où les miracles devinrent si nombreux que le pape Urbain VIII, après un examen fait avec tout le soin habituel à l'Eglise, ordonna de transporter l'image dans la basilique de Sainte-Marie du Transtévère. On l'y apporta en grande pompe. Les aumônes des fidèles fondèrent la chapelle, où elle est encore, aujourd'hui, l'objet de la plus profonde vénération.

Voilà les trésors du Transtévère.

J'aime en écrivant ces choses à les revoir par la pensée. « Le souvenir, a dit le Père Lacordaire, n'est-ce pas le renouvellement sans fin d'un bonheur passé auquel le cœur donne l'immortalité ? »

XIV

L' « ACQUA VIRGINE » OU L'EAU VIERGE DE LA FONTAINE TRÉVI

u'IL fait bon de visiter Rome lentement, à son aise ! On voit tout sans fatigue, sans satiété, et c'est ainsi qu'on s'assimile la Ville Eternelle.

Mes promenades sont de véritables flâneries. Je prétends que, pour bien connaître une ville, pour s'imprégner de ses mœurs et de ses aspects, surtout quand cette ville est Rome, il faut flâner longtemps à travers ses rues, ses musées, ses palais. On a par ce moyen des surprises charmantes. Tantôt à l'angle d'une *via* se démasque un de ces couvents d'un âge indéfinissable, aux murailles nues, maculées d'une vétusté dont l'art n'appartient qu'au temps, et où le goût des beaux siècles ne se trahit que dans quelques détails peu apparents ; tantôt au détour d'une place, on se trouve devant une fontaine splendide comme celle de Trévi, et on est ébloui par des amas d'eau qui, d'un pêle-mêle de rochers dominés par des architectures peuplées de statues, tombent en écumant et jaillissent de toutes parts pour s'engouffrer dans des trouées caverneuses avec une rumeur vague comme celle des flots de l'Océan. Je fus saisie d'admiration le jour où j'arrivai inopinément devant ce tableau magique, et je n'en pouvais détacher mes yeux...

Au milieu des rocailles et des conques, Neptune s'élance triomphant avec ses chevaux, du soubassement d'un palais contre lequel est appuyée cette machine énorme. Des bas-reliefs simples et jolis retracent la découverte de l'*Acqua Virgine* par une jeune fille de Préneste, dont les eaux limpides prirent en son honneur le nom de « Virgine ».

De ces bassins superposés, des cavités de ces roches colossales où s'enroulent des plantes grimpantes ciselées sur la pierre brute, jaillissent en toutes les directions des trombes, des masses d'eau dont on n'a pas l'idée. C'est une cataracte... c'est un « fleuve en habit de théâtre », a dit un auteur. Le torrent fait irruption avec le vacarme d'une cascade des montagnes ; on l'entend des alentours, il domine le flot populaire.

C'est au temps d'Auguste que fut découverte l'*Acqua Virgine* pour laquelle Agrippa fit creuser un aqueduc dont les ruines prodigieuses traversent encore la campagne romaine. Que dis-je les ruines, l'aqueduc lui-même subsiste, et aujourd'hui encore il conduit à Rome une bonne partie de l'eau qui abreuve et embellit la cité. Je l'ai vu et j'ai pu admirer la grandeur et la hardiesse de ses proportions.

C'est une tradition populaire que si l'on a bu de l'eau de cette fontaine, on est sûr de revenir dans la Ville

Eternelle... Aussi bien souvent, le soir, quand la lune fait scintiller comme les mailles d'un haubert la surface de la nappe agitée, on voit des personnes se pencher mystérieusement sur l'onde et puiser de cette eau dans un verre neuf qu'elles briseront quand il aura servi.

Pour les unes cette cérémonie est la forme naïve d'un vœu... louées soient celles qui ont une foi pleine aux présages de la fontaine ! D'autres pensent se la rendre favorable par des largesses : quand elles ont humé le philtre du retour, elles jettent un sou dans le bassin...

Ce sont du reste les eaux les plus limpides, les plus légères et les plus saines ; leurs salutaires vertus sont réputées curatives de douze maladies. Pour le prouver, on a placé dans les niches latérales les statues de l'Abondance et de la Salubrité.

Souvent j'y passai de longues heures, appuyée sur son étroite balustrade de fer ; là, au murmure des flots éclaboussants, j'admirais la majesté de son ensemble et les milliers de pigeons nichés dans les sculptures du superbe palais auquel elle est adossée. Ils voltigent parmi les jets d'eau et se reposent sur les statues et les animaux qui leur fournissent un point d'appui. Ces hôtes délicats et charmants produisent un gracieux effet parmi ces eaux jaillissantes et ces chefs-d'œuvre de pierre.

Les fontaines sont une des merveilles de la cité reine. Aucune ville n'en possède de plus belles et de plus nombreuses. Qui n'a admiré sur le Janicule, la fontaine Pauline dans sa noble simplicité. Pas de sculptures, aucune statue, mais une architecture grandiose que rehaussent les six belles colonnes de granit oriental rouge, provenant du forum de Nerva. L'eau s'écoule par trois portiques avec une abondance extraordinaire pour remplir avec un grand fracas un vaste bassin de marbre. On la doit au pape Paul V, de la famille des Borghèse, dont elle porte le nom et les armes : un aigle et un griffon, sculptés au-dessus de sa majestueuse façade.

De la terrasse qui s'étend devant cette fontaine, on domine toute la ville de Rome et on aperçoit les beaux ombrages de la villa Doria Pamphili ; c'est un tableau incomparable.

Les deux fontaines de la place Farnèse sont aussi bien remarquables avec leurs urnes de granit d'Egypte trouvées dans les thermes de Caracalla, ornées de têtes de lion et de fleurs de lis ; celles de la place Navone, peuplées de statues et de monstres marins ; la gracieuse *Barcaccia* de la place d'Espagne, ainsi nommée parce qu'elle a la forme d'une barque ; les gerbes étincelantes de celles de Saint-Pierre, dont l'éternel murmure accompagne la psalmodie lointaine des chanoines de la basilique Vaticane : double musique qui s'harmonise, « murmure de la prière de la nature qui se joint à la prière de l'homme pour s'élever à Dieu ».

J'aime à voir toutes ces fontaines, sous ce climat habituellement chaud, offrir au voyageur la fraîcheur et le bienfait de leurs eaux, image de la grâce qui coule sans cesse et invite les âmes à se désaltérer. Où la grâce coule-t-elle plus abondamment qu'à Rome et où peut-on la trouver plus facilement que dans la Ville des Saints ?

XV

SAINTE-CROIX DE JÉRUSALEM
L'ESCALIER DU PRÉTOIRE

OME est une ville à part au milieu du monde. Aux autres villes les choses du temps : à Rome les choses de l'éternité. Aux autres villes la physionomie changeante, le bruit tumultueux des affaires et des folles joies : à Rome l'immobilité de la Foi et le solennel silence des ruines.

Ces différences, qui font de Rome une ville unique en son genre, la mettent dans une mystérieuse harmonie avec les besoins intimes de l'âme.

C'est pourquoi, le vendredi, jour qui renouvelle le souvenir de la Passion du Sauveur, je me sentis attirée tout naturellement vers Sainte-Croix de Jérusalem.

La vénérable basilique, bâtie à l'extrémité du mont Esquilin, au milieu d'un large espace désert, dominée d'un côté par les monts bleuâtres de la Sabine aux contours suaves et fuyants, et de l'autre par les cimes neigeuses de l'Apennin, porte, dès l'abord, au recueillement et à la prière.

On sent qu'elle est un grand reliquaire, puisqu'elle renferme une partie considérable de la vraie Croix, que la tendre piété de sainte Hélène avait rapportée de Palestine, ainsi que plusieurs autres reliques insignes, qu'elle enchâssa dans l'or.

J'entre avec émotion dans l'antique église, véritable archive de l'art et de la piété. L'intérieur est à trois nefs divisées par huit colonnes de granit égyptien. Autour de la tribune se développent des peintures à fresque de toute beauté, représentant le fait de la découverte de la vraie Croix, œuvre de Pinturicchio. Sur le maître-autel, orné de quatre belles colonnes de brèche coralline, est un tombeau en basalte où reposent les corps de saint Césaire et de saint Anastase.

Je descends dans la chapelle souterraine de sainte Hélène dont on ne peut franchir le seuil, car elle cache sous ses dalles une quantité considérable de terre du Calvaire imbibée du Sang divin qu'apporta, avec la croix, la pieuse impératrice ; ce qui a fait donner à l'église le nom de Jérusalem.

Pour visiter les précieuses reliques, objet de mes désirs, il fallut, avec une permission du cardinal-vicaire, entrer à l'intérieur du couvent, monter un escalier et arriver à une petite chapelle où un Père Cistercien, revêtu du surplis et de l'étole, me fit vénérer, dans un reliquaire placé sur l'autel, un morceau considérable de la vraie Croix sur laquelle Notre-Seigneur expira pour les péchés du monde, et un des clous avec lesquels il y fut attaché. On frissonne en regardant la grosseur et la longueur de ce clou ! Quelles douleurs ils ont dû causer à la chair délicate et tendre du Sauveur, lorsqu'ils transpercèrent ses membres divins !... Quels flots de sang ils ont dû faire jaillir, quelles plaies ils ont dû former !... On aurait besoin de méditer longtemps devant cet instrument de torture pour bien comprendre la profondeur de l'amour de Notre-Seigneur pour nous.

Je contemple deux des épines qui ont transpercé son front mourant, la corde avec laquelle ce bon Maître fut lié à la colonne, et un morceau de l'éponge trempée de fiel qu'on lui présenta pour abreuver sa soif... Quelle impression ineffaçable on reçoit en approchant ses yeux et ses lèvres de ces reliques de la Passion ! Comment décrire les émotions vives que produit, après dix-huit siècles, l'apparition des monuments primitifs de la Rédemption ? Le voile du temple s'ouvre, le Golgotha se rapproche et quelque chose du cœur de saint Jean au pied de la Croix passe dans le vôtre.

Pour compléter cette scène douloureuse et sublime, le Révérend Père me montra le titre de la vraie Croix.

C'est une petite planche d'une palme de longueur, c'est-à-dire d'un pied et demi de long, sur deux de large. Le bois est d'une couleur noirâtre. L'un des côtés est endommagé par le temps. Sur cette planche sont gravés et peints en rouge les mots suivants : *Hiesus Judæorum Nazarenus Rex*. Ils sont écrits en hébreu, en grec et en latin, suivant l'usage des Orientaux ; mais le mot *Judæorum* n'est pas entier, parce que cette partie de la planche a été rongée par les siècles.

« Ce qui prouve que c'est bien le vrai titre que Pilate plaça sur la croix de Notre-Seigneur, c'est la manière presque miraculeuse dont il fut trouvé.

On ignorait ce qu'était devenu ce souvenir de la Passion du Christ, lorsque le 1er février 1492, le cardinal de Mendoza ayant fait réparer les murs de la vénérable basilique, les ouvriers découvrirent au sommet de l'arc élevé dans le milieu de l'église, une petite fenêtre sur laquelle se trouvait une caisse de plomb parfaitement fermée. Cette caisse était recouverte d'une table de marbre quadrangulaire, sur laquelle on lisait ces mots : « *Hic est titulus veræ Crucis ;* c'est ici le titre de la vraie Croix. »

On ouvrit la caisse et on trouva effectivement cette précieuse relique telle que je viens de la dépeindre. Il ne fut douteux pour personne que ce ne fût le titre authentique placé sur la Croix de notre Divin Sauveur. Suivant un très ancien usage, sainte Hélène l'avait déposée en ce lieu élevé, lorsque l'église fut bâtie, afin qu'elle ne fût point exposée à se perdre ou à être profanée.

« La croix du bon larron se conserve aussi presque en entier sous l'autel de cette chapelle privilégiée. Je l'ai regardée avec attendrissement, en pensant à la bonté d'un Dieu qui ne demande au pécheur qu'un seul acte de repentir pour en faire un saint. Puis, après avoir vénéré le doigt de saint Thomas, ce doigt qui pénétra dans le côté du Sauveur, je quittai ce béni sanctuaire, afin de terminer cette matinée, toute aux pensées graves, par la *Scala Santa*, escalier que Notre-Seigneur monta par ordre de Pilate pour arriver au balcon d'où cette innocente Victime fut présentée au peuple. Il se compose de vingt-huit degrés de marbre tyrien d'une grande blancheur. Consacrée par les pas du Sauveur et arrosée du sang de la Flagellation, la *Scala Santa* est devenue l'objet de la vénération du monde.

Charlemagne la gravit à genoux.... Je montai l'escalier sacré comme notre aïeul Charlemagne, vivement pénétrée du double sentiment qu'il commande : la reconnaissance et le repentir. Les traces du Sang divin préservées par un globe de cristal marqué d'une croix de cuivre, sont très visibles et bien conservées. Je les baisai avec amour.

Quand j'arrive en haut de la *Scala Santa*, je me trouve devant le *Sancta Sanctorum*, qui n'ouvre ses grilles qu'à certains jours solennels. On nomme ainsi cette chapelle, parce que Léon III fit remplir de reliques quatre caisses de cyprès et les plaça sous l'autel avec cette inscription : *Sancta Sanctorum*, saints débris des Saints.

Je vénère la double image du Sauveur peinte sur deux volets de bois ; c'est la copie exacte d'un précieux original renfermé dans le sanctuaire. Saint Grégoire II y plaça ce portrait du Christ à 33 ans, le plus ancien, je crois, que l'on connût alors et qui a servi de type à tous les autres. Le Sauveur Jésus est représenté de face ; sa figure est grave et douce, ses cheveux sont d'un blond doré et partagés au milieu du front à la Nazaréenne. Ce portrait est l'objet d'une vénération traditionnelle. On dit qu'après l'Ascension, la sainte Vierge et les Apôtres, pour remplir les vœux des fidèles, confièrent à saint Luc le soin de faire le portrait du

Sauveur ; l'artiste sacré traça le contour, et la main d'un ange fit le reste ; de là, le nom donné à l'image « *Acheropita* », c'est à-dire « non faite par la main de l'homme ».

La Vierge Mère conserva ce tableau jusqu'à son Assomption. Ce portrait fut transporté plus tard de Jérusalem à Constantinople.

En 726, saint Germain, patriarche de Constantinople, pour le soustraire à la fureur des iconoclastes, l'envoya au pape Grégoire II.

Le « *San Salvatore* du *Sancta Sanctorum* » a toujours été réputé miraculeux. Aussi trouve-t-on toujours des personnes en prières devant la pieuse image.

Je descendis ensuite du Saint des Saints par un des escaliers établis à droite et à gauche de la *Scala Santa*. Je m'arrêtai, avant de sortir, devant les chefs-d'œuvre de Jacometti. Ce sont deux groupes de marbre représentant l'un le « Baiser de Judas », l'autre l' « *Ecce-Homo* » de Pilate, ces deux grandes infamies de la Passion.

Ces statues sont plus qu'une œuvre d'art, c'est un enseignement. On les doit au pape Pie IX qui, en faisant réparer l'édifice, a voulu qu'elles fussent placées de chaque côté de la *Scala Santa*.

Voilà comment le temps se passe à Rome ; tout prend le caractère de l'infini, et le pèlerin, élevé au-dessus de lui-même, bénit la Providence de l'avoir rendu témoin de tant de choses douces et graves. De là, sans nul doute, le charme qui retient dans la Ville Éternelle et le regret qu'on éprouve en la quittant.

IX

LE LATRAN
ET LA FÊTE DE SAINT JEAN-BAPTISTE

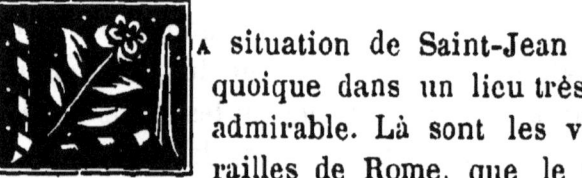A situation de Saint-Jean de Latran, quoique dans un lieu très retiré, est admirable. Là sont les vieilles murailles de Rome, que le temps s'est chargé de découper d'une façon toute bizarre et auxquelles il a ajouté le gracieux ornement d'un feston de verdure ; un peu plus loin, les débris du palais des Césars s'étagent d'une façon pittoresque sur le mont Palatin ; plus loin encore, dans la campagne, ce sont les ruines des aqueducs ; et enfin là-bas, à l'horizon, la ligne onduleuse aux reflets bleuâtres des monts Sabins, si saisissant contraste avec les vertes et riantes collines du *Latium*.

J'aime ce désert grandiose qui environne la cité reine d'une ceinture inviolable, bordée d'un cercle de montagnes !... Le printemps revêt ce désert d'un manteau verdoyant ; l'été lui donne des teintes dorées et l'automne des teintes fauves d'une splendeur éblouissante.

Quel délicieux entourage pour la mère des basiliques, la métropole de l'évêque de Rome, ce siège du patriarcat de l'Occident !... S'élevant à l'extrémité de la ville, et son portail ouvrant sur le désert, elle a d'un côté le bruit, de l'autre le silence. Sur la vaste place, à demi rustique, se dresse sa magnifique façade chargée d'une légion de saints qui se détachent sur le ciel bleu comme si elles émergeaient de la muraille d'Aurélien pour venir au-devant de vous. Au bout d'une allée de mûriers, qui bordent les arcades du vieux mur en ruines, enguirlandé de lierre, on aperçoit le campanile à jour de Sainte-Croix de Jérusalem, et le tableau se complète par d'incomparables échappées sur la campagne romaine.

Quant à l'intérieur de Saint-Jean de Latran, il s'harmonise avec l'extérieur : tout est grand, tout est beau, tout est digne de celui qui l'habite... La voûte est somptueusement dorée ; le pavé de marbre offre de riches dessins ; les douze apôtres défilent en formes gigantesques du haut de leurs niches colossales. Au-dessus se déroulent les prophètes ; plus haut encore de superbes bas-reliefs redisent les ineffables corrélations des deux Testaments.

Devant moi la Confession apparaît imposante, à la lueur blafarde de ses mille lampes, entourée d'une foule à maintenir sans cesse renouvelée et toujours recueillie. Un baldaquin gothique, don de Charles V, roi de France, supporte fièrement les chefs augustes de saint Pierre et de saint Paul ; au-dessous est l'autel

Rome — La Scala santa (Le Saint Escalier)

de bois dont se servait le Prince des Apôtres. Le Pape y peut seul officier.

Quatre colonnes en bronze doré, coulées par ordre d'Auguste avec les trophées d'Actium et destinées au temple de Jupiter Capitolin, supportent l'architrave de l'autel du Saint Sacrement, où Jésus-Christ vivant offre sans cesse ses inénarrables consolations à tous ceux qui pleurent.

Au-dessus de l'autel est renfermée, entre des feuilles de cristal, la table en bois de cèdre qui servit à la dernière cène de Notre-Seigneur. Avec quelle émotion ai-je contemplé ce monument de l'amour infini de notre Dieu, où il donna un si mystérieux témoignage de tendresse à ceux qu'il aima jusqu'à la fin ! Cette table sacrée est posée debout, pliée en deux parts égales, sans aucun ornement, d'environ un pouce d'épaisseur, sur douze pieds de longueur et six de largeur. Elle est l'objet d'une vénération particulière à Rome, et on l'expose solennellement le Jeudi Saint, anniversaire de l'institution du Saint Sacrement.

Les chapelles de Saint-Jean de Latran renferment une file de tombeaux grandioses. Là repose Sylvestre II, cet illustre enfant d'Auvergne que ses hautes vertus élevèrent jusqu'au pontificat. Là encore Sergius IV dort son grand sommeil ; puis la chapelle Corsini offre, tout entourée de statues magnifiques, le monument de Clément XII, son fondateur.

Mes yeux, fatigués de ces splendeurs, se reposèrent volontiers dans le délicieux petit cloître attenant à l'église, où, parmi les herbes folles et d'énormes massifs de rosiers du Bengale, se dresse, semblable à une végétation surnaturelle, toute une forêt de colonnes tordues, cannelées, fouillées, recouvertes de mosaïques antiques, les plus jolies du monde. C'est une charmante construction gothique du XIII° siècle.

On y conserve un grand nombre d'objets apportés de la Palestine par l'impératrice sainte Hélène, tels que la partie supérieure du puits de la Samaritaine, la plaque de porphyre sur laquelle les soldats tirèrent au sort la robe sans couture de Notre-Seigneur, une des colonnes qui se fendirent à Jérusalem à l'heure de la mort du Sauveur, un baldaquin de marbre soutenu par deux pilastres qui indiquent la taille du divin Maître, c'est-à-dire près de six pieds de hauteur.

On sent son âme troublée en quittant cette basilique auguste, où tout retrace encore, avec la grande image de Constantin, cette lutte suprême du paganisme agonisant contre le catholicisme venant à la vie. Combien de saints Pontifes y vinrent chanter les louanges du Seigneur. Ils y tinrent six conciles, donnant à ce coin de terre un pâle reflet du paradis ! Combien de princes puissants s'y rendirent à la suite du vertueux fils de sainte Hélène, et y courbèrent leurs têtes orgueilleuses !

Près de l'église, le baptistère s'élève somptueux, rappelant le souvenir de Constantin, qui y reçut le baptême et s'y trouva guéri miraculeusement de la lèpre par la seule vertu de l'eau sainte.

De toutes les magnificences qui décoraient autrefois ce vénérable monument, il ne reste plus que l'urne en basalte verte, enchâssée dans une cuve de marbre, pieuse relique du premier empereur chrétien.

Chaque année, le Samedi Saint, plusieurs catéchumènes y reçoivent encore le glorieux nom d'enfants de Dieu. C'est une belle pensée, comme Rome en a tant d'autres, de faire ces baptêmes annuels dans le baptistère du premier César chrétien.

J'entre au palais de Latran, qui avoisine la basilique, autrefois demeure des Papes et dont on a fait un musée. J'en parcours les vastes salles qui renferment une collection unique de sarcophages, d'inscriptions pieuses ravies aux catacombes ; quelques belles statues comme le Sophocle debout, tenant à la main un manuscrit replié en rouleau ; saint Hippolyte, dont la blanche figure semble expliquer, du haut de sa chaire pontificale, le cycle pascal, sa glorieuse invention. Aussi ferme qu'humble, il alla cueillir, au fond d'un gouffre affreux, la palme verte du martyre.

Sur la place du Latran, je contemple l'immense obélisque qui domine ces solitudes sacrées, au bruit d'une fontaine qui seule élève la voix dans ce silence grandiose. C'est l'obélisque le plus haut et le plus vieux du monde entier ; il a trente siècles d'existence et fut élevé à Thèbes par le roi Ramsès. Constantin l'apporta d'Alexandrie, et Sixte-Quint l'a dressé sur cette place solitaire.

J'admire aussi le *Triclinium*, sorte de cénacle que fit bâtir Léon III pour les réunions du Sacré Collège. Il ne reste de ce bel édifice que la voûte dont la belle mosaïque rappelle la fondation du saint empire. C'était un hommage de Léon III à Charlemagne.

Sur cette vaste place que domine la basilique Latérane, avec ses hauts clochers, dont les ouvertures en plein cintre dénotent l'antique origine, il se célèbre chaque année une fête traditionnelle qui est très aimée des romains. C'est la Saint-Jean-Baptiste. Elle consiste en une sorte de foire qui dure toute la nuit, et où se rend non seulement le peuple, mais aussi la haute société.

Il n'y a point ici, comme en France, l'usage des feux de la Saint-Jean, mais en revanche la grande place qui s'étend jusqu'à Sainte-Croix de Jérusalem n'est qu'un immense océan de lumière.

La ville fait dresser de tous côtés des poteaux surmontés de vases remplis de poix qui jettent une teinte rougeâtre sur les multiples étalages des vendeuses ; les becs de gaz sont remplacés par des bouquets de flammes. Chaque marchande a une ou plusieurs lampes suivant l'importance de sa boutique en plein vent, et c'est par ces lumières multipliées que les romains suppléent aux feux de la Saint-Jean.

Cette fête est aussi celle de l'œillet. Tous les étalages en sont pleins ; chaque promeneur veut fleurir ses parentes, ses amies, sa voisine, et c'est le triomphe de cette jolie fleur rouge qui répand un si délicieux parfum.

L'origine de cette foire à l'œillet est cependant historique, bien qu'elle ait été détournée de sa signification primitive.

L'Eglise romaine avait de nombreuses possessions en Orient et en tirait des tributs en nature. C'étaient des aromates et des parfums que l'on brûlait devant les têtes des saints Apôtres Pierre et Paul. Vers la fin du IX° siècle, les Orientaux rachetèrent ces tributs, mais conservèrent l'habitude d'envoyer quelques aromates et entre autres des clous de girofle.

Ces clous de girofle étaient solennellement bénits par un évêque avant les premières Vêpres, et la formule de bénédiction faisait allusion aux puissances infernales contre lesquelles elle protège.

Mais, dira-t-on, quelle ressemblance y a-t-il entre le clou de girofle et l'œillet, la fleur de Saint-Jean ?

Aucune. Seulement, en italien, le mot *garofano* signifie à la fois œillet et clou de girofle. Le peuple a pris le mot dans le sens le plus obvie, car si un laboureur peut ignorer le clou de girofle, il connaît certainement l'œillet. Il a donc attribué à l'œillet ce qui était le propre de l'épice d'Orient, et arbore triomphalement la belle fleur rouge comme la caractéristique de ce jour.

Voilà encore une coutume romaine, à laquelle je m'empresse de donner place dans mes *Fioretti*, heureuse d'unir les parfums des sanctuaires à ceux des fleurs et les sourires du ciel à ceux de la terre. Puisse la suave haleine de mes humbles bouquets emplir l'âme et l'esprit de mes lecteurs, de chastes visions et de doux enchantements. C'est mon souhait !

XVII

UNE VISITE AU « CŒLIUS »

LES TRENTAINS GRÉGORIENS

UEL joli coin que le *Mont Cœlius!*... Quel lieu charmant, solitaire, embaumé ! Les amandiers et les cerisiers en fleurs parfumaient l'air; les pins de la *Villa Cœli Montana* découpaient leurs noires ombelles sur le ciel printanier, sur le ciel du soir. A l'horizon, une longue chaîne mde ontagnes crénelées montraient leurs pics nuageux. Tout près, l'église conventuelle des Passionnistes, avec son chevet turriforme couronné d'un diadème arrondi d'arcatures festonnées sur des colonnettes, ornement original d'un pignon rustique ; plus bas le couvent des Camaldules et de Saint-Grégoire, et la tour en brique de Saint-Etienne-le-Rond; à droite, la colline et le clocher de Sainte-Balbine.

Tout cet ensemble formait un décor unique, éclairé par un soleil radieux qui jetait partout une profusion de lumière et d'admirables scintillements.

L'air était d'une douceur extrême et le ciel des plus azurés.

Le chemin d'herbes et de murailles qui mène à l'église des Saints-Jean-et-Paul n'est jamais abandonné. C'est une des promenades de la méditation et de la prière, une des routes fréquentées par la douleur en quête d'espérance et de secours.

Le jour où je le parcourais, c'était un chemin d'allégresse, animé et saintement joyeux de la foule des pèlerins. Prêtres de tout rang, laïques de tout âge et de toute condition, princes, prélats et pauvres allaient et revenaient, mêlés aux graves et charmantes filles des écoles monastiques, si pittoresques dans leurs costumes amples et variés.

Le sanctuaire, tendu d'étoffe à franges d'or, jonché de rameaux odorants, annonçait la fête des deux jeunes patriciens, dont le palais s'élevait à la place où s'élève aujourd'hui leur église.

Les saints Jean et Paul étaient frères. Attachés à la maison de sainte Constance, fille de Constantin le Grand, ils employaient leurs biens à de pieuses largesses, lorsque Julien parvint à l'Empire.

Après son apostasie, ce prince les choisit pour officiers de son palais, mais les deux saints refusèrent en disant « qu'ils n'appartiendraient jamais à celui qui avait abandonné le service du vrai Dieu ». Julien, irrité, leur donna dix jours pour réfléchir, après quoi, s'ils refusaient de sacrifier à Jupiter, ils devaient se préparer à la mort.

Pendant ce temps, ils distribuèrent leurs biens aux pauvres, « afin d'être plus libres pour aller à Dieu, et

« d'assister un plus grand nombre de ceux qui devaient
« les recevoir dans les tabernacles éternels ».

Le dixième jour, Terentianus, préfet d'une cohorte prétorienne, vint présenter aux martyrs le choix entre l'apostasie et la mort. Ils n'hésitèrent pas et furent décapités à l'intérieur de leur propre maison. Les menaces n'ont pu les faire trembler, et lorsqu'enfin ils tombent, ce n'est pas que la vie leur échappe, c'est que la couronne leur est donnée.

Le miracle continue. Qui dira que ces victorieux sont morts?... Les bourreaux ne leur ont point fait subir la mort, l'effort des siècles n'a pu emporter leur poussière et détruire leur nom. Couronnés de respect, ils vivent dans leur ville bien-aimée; ils en sont la gloire, la force et l'amour. Ils vivent, et leur demeure est visitée à genoux, et nous, pèlerins éloignés, nous nous sommes aujourd'hui prosternés au seuil de Jean et Paul, orné de trophées et de fleurs.

Leurs reliques précieuses reposent dans un beau tombeau de porphyre antique. Les voilà les restes de ces vaillants qui ont été plus forts que l'empereur et que l'enfer ! Et toi l'Apostat, où es-tu ? Où es-tu, et qu'as-tu emporté de l'empire ? Où es-tu, pourpre ignominieuse ? Où sont tes ossements que la mort et la vie ont également souillés ? Si l'on découvrait ta tombe, quel hommage lui serait rendu, et « que penserait le monde des hommes qui oseraient y répandre l'infection de leur encens », a dit Louis Veuillot.

Je promenai mes yeux sur cette foule prosternée autour des deux martyrs. Il y en avait de toutes les nations. J'aperçus les élèves de la Propagande, enfants de races inconnues des Romains. Nazaréen, tu es vainqueur !...

L'église des Saints-Jean-et-Paul appartient aux Pères Passionnistes, auxquels elle a été confiée par Clément XIV. Elle est décorée, à l'extérieur, d'un portique antique soutenu par huit colonnes ioniques, la porte est flanquée de deux lions antiques en marbre. L'intérieur, à trois nefs, est divisé par treize colonnes qui étaient reliées ensemble par des tentures de velours cramoisi frangé d'or.

Le spectacle était frappant de richesse et de grandeur ; mon œil ne se lassait pas de le contempler, y découvrant toujours de nouvelles beautés.

Après avoir rendu mes hommages pieux aux saints Jean et Paul, je suivis la foule qui descendait dans la crypte où est l'ancienne maison des deux jeunes patriciens. Cette intéressante demeure souterraine était illuminée et parée de fleurs. J'ai donc pu voir diverses chambres, celle où ils ont été mis à mort et l'endroit de leur première sépulture. Toutes sont ornées de peintures fort remarquables, représentant la scène du martyre. Ces chambres ont été converties en oratoires où il fait bon se recueillir et méditer. J'y restai longtemps, respirant avec bonheur cet arome des saints mêlé à la poussière des siècles.

Lorsque je remontai dans l'église, une autre chapelle s'offrit à mes regards. Elle est dédiée à saint Vincent de Paul, l'apôtre de la charité. Sous la table de l'autel, on conserve le corps de saint Paul de la Croix dans une urne de porphyre vitrée. Qu'il fait bon le considérer dormant son dernier sommeil dans la paix du Seigneur !... Quel calme sur ce visage de bienheureux !...

Paul, surnommé « de la Croix », était né à Ovada, en Piémont, d'une famille illustre et très chrétienne.

On raconte qu'au moment de sa naissance, une lumière extraordinaire remplit la chambre et fit pâlir celle des flambeaux.

Dès son jeune âge, il eut une grande dévotion pour la Passion du Sauveur : le vendredi, il ne mangeait qu'un morceau de pain et ne buvait que du fiel mêlé de vinaigre. Désirant ardemment accomplir en tous points la volonté divine, Paul répétait sans cesse : « Seigneur, montrez-moi la voie où vous voulez que je marche. » Un jour, la très sainte Vierge, prenant en pitié les angoisses de son serviteur, lui apparut revêtue elle-même d'une tunique noire et la poitrine ornée d'un cœur. Ce cœur était surmonté d'une croix et portait cette inscription : « JESU XPI PASSIO ; *Passion de Jésus-Christ* » avec le clou du crucifiement. Le visage de Marie était empreint de douleur, et le regard fixé sur Paul, elle lui dit : « Mon enfant, vois ce deuil dont je suis revêtue ! C'est en souvenir de la douloureuse Passion de Jésus, mon Fils bien-aimé. C'est ainsi que tu dois te vêtir toi-même et fonder une congrégation où on porte un habit semblable et où l'on ne quitte jamais le deuil de la Passion et de la mort de mon Fils. » Et la sainte Vierge disparut.

Encouragé par Benoît XIII, et suffisamment convaincu, par la clarté de cette vision, de la volonté divine, Paul fonda la congrégation des Pères Passionnistes. Ces religieux, entièrement détachés des choses d'ici-bas, prêchent la pénitence au peuple et donnent des missions. Paul de la Croix fit un bien immense dans la Toscane et mourut en 1775, à l'âge de 81 ans, dans le couvent des Saints-Jean-et-Paul, au Mont Cœlius. Il a été canonisé par Pie IX, le 29 juin 1867.

Doucement impressionnée par les précieux souvenirs que renferme cette église, je pris, recueillie et pénétrée, le chemin de la *Via gregoriana*, passant sous ces arceaux antiques qui enjambent la rue et lui donnent un aspect si oriental.

J'admire, encastré dans des bâtisses, l'arc de *Dolabella*, que ce consul a élevé l'an X de notre ère et où Néron devait trouver bientôt un appui pour son aqueduc. On conserve, au centre de cet arc, la chambre qu'habita saint Jean de Matha.

Je me trouve bientôt devant le grand couvent de *San-Grégorio-Magno*, situé sur une croupe avancée du Cœlius. Le monastère, d'un aspect riche et solide, marque la place où fut la maison de la famille Anicia. C'est là que naquit saint Grégoire le Grand, ce Pape qui a été la colonne et la gloire de l'Eglise au VIe siècle, dont la vie répandit sur le Siège apostolique un éclat qu'aucun autre n'a surpassé. Orateur, écrivain éminent, fondateur du chant liturgique, père de la musique sacrée, auteur de ce chant grégorien dont la beauté et l'élévation n'ont jamais été dépassées, il fut aussi un grand saint, le plus doux et le plus miséricordieux des Pontifes. L'église qui lui est consacrée, près de l'ancien monastère qu'il habita longtemps, a la double beauté de l'art et des souvenirs. On y monte par un large et superbe escalier, du haut duquel on voit devant soi le Palatin, les arcades sombres et les ruines énormes du palais des Césars, puis les deux palmiers de saint Bonaventure.

Je fus frappée de l'élégance du portique, orné de colonnes antiques, et dans l'intérieur, du maître-autel, qui est décoré de marbres de prix ; mais ce qui m'a comblée de joie, c'est de pouvoir prier dans la chambre que saint Grégoire habita et qui est transformée en chapelle. On y conserve le fauteuil de marbre sur lequel il s'asseyait et qui semble la chaise curule d'un vieux romain. Je vis la pierre où il dormait. La fenêtre de cette chambre est devenue comme un immense reliquaire.

Traversant ensuite un petit jardin rempli de fleurs odorantes, d'où l'on jouit d'un panorama splendide sur la Ville Eternelle, j'entrai dans la maison de sainte Sylvie, mère de saint Grégoire. L'édifice est composé de trois chapelles. La première est dédiée à sainte Sylvie, sur l'emplacement même où était sa chambre ; on voit une statue qui la représente, sur l'autel, entre deux colonnes de porphyre. La seconde chapelle est l'ancienne petite église de Saint-André, élevée par saint Grégoire lui-même, où il a annoncé la parole de Dieu. Sur les murs, j'admire la fresque du Dominiquin représentant la « Flagellation de saint André », d'un côté, et, de l'autre, son martyre, par le Guide. Ces deux peintures exécutées en concurrence par les deux artistes, méritent à elles seules qu'on aille visiter cette église.

La troisième chapelle est dédiée à sainte Barbe. Sur la porte je lis ces mots : « *Tericlinum pauperum ;* salle à manger des pauvres. » C'est en ce lieu que saint Grégoire donnait chaque jour un repas à douze pauvres et les servait de sa propre main. La grande table de marbre est toujours là comme mémorial de son impérissable charité. La tradition rapporte qu'un beau jeune homme s'assit un jour à cette table. Le saint, remarquant qu'il y avait treize pauvres au lieu de douze, interrogea l'intendant. Celui-ci les compta à son tour et n'en trouva que douze. Le treizième était un ange qui se manifesta au bienheureux après le départ de tous les autres, et lui dit que Dieu l'avait chargé, en récompense de la charité de son serviteur Grégoire, d'être toujours présent à ses côtés et de transmettre au Seigneur toutes ses prières. Dès lors le saint augmenta le nombre de ses pauvres jusqu'à treize, et voilà l'origine du repas des treize pèlerins que veut servir le Pape lui-même, le Jeudi-Saint.

Ce fut saint Grégoire le Grand qui introduisit l'usage de célébrer le saint Sacrifice pendant trente jours consécutifs après les obsèques. De là le nom de « Grégoriennes » donné à ces trente messes. Voici ce qu'on lit dans l'un de ses plus remarquables ouvrages (*Dialogues*), à propos du moine Justin : « Ayez soin « que pendant trente jours le saint Sacrifice soit « offert pour lui et qu'on ne manque pas un seul « jour d'immoler la sainte Victime à son intention. » Et les Bollandistes disent que, le trentième jour, saint Grégoire fut assuré de la délivrance de l'âme de Justin, comme le constate aussi l'inscription que l'on trouve au Mont Cœlius, dans l'église qui lui est dédiée. Lui-même aurait été instruit par une révélation de l'efficacité de ces trente messes. Un jour, enflammé pour les âmes du Purgatoire d'une charité très ardente, il se lamentait de ce qu'après sa mort il ne pourrait rien faire pour elles : « Mon ami, lui dit Notre-Seigneur, « je veux bien accorder en ta faveur un privilège qui « sera unique, c'est que toute âme du Purgatoire pour « laquelle seront offertes trente messes en ton honneur « et sans interruption sera immédiatement délivrée, « quelle que fût sa dette envers moi ; et plus que cela, « je n'attendrai pas que les messes soient célébrées « mais je délivrerai l'âme aussitôt l'offrande versée « pour elle. »

L'usage des *Trentains Grégoriens*, très répandu à Rome, est presque oublié en France ; il serait à souhaiter qu'il soit mis en honneur partout. Saint Vincent Ferrier fit dire un Trentain pour sa sœur et la vit délivrée par ces messes.

Quel encouragement pour adopter cette sainte pratique !...

Saint Grégoire le Grand, qui fut le premier moine qui monta sur la Chaire de Saint-Pierre, passa les douze dernières années de sa vie en proie à de douloureuses infirmités, comme si Dieu eût voulu ajouter à tous les titres de gloire et à toutes les couronnes du saint Pontife le titre et la couronne du martyre. Il mourut le 10 mars 604, à l'âge de 64 ans, pleuré par le peuple de Rome, par l'Eglise universelle et par le genre humain.

Remplie de ces pensées vivifiantes, je revins par le Colisée, dont j'admire toujours l'aspect grandiose et imposant. Quand on a l'amour de Rome, on s'arrête ravi devant des choses qu'on a mille et mille fois vues, on en est toujours enivré. C'est si beau la vraie beauté !... Et Rome la possède si bien !...

Je traverse le grand Forum. Déjà l'ombre se fait sur les ruines païennes. Le soleil, qui va disparaître, enveloppe de ses derniers feux le Mont Janicule, le Vatican et Saint-Pierre. Des bandes pourpres coupent le ciel, sur lequel se détachent merveilleusement la silhouette de l'archange placé au sommet du môle d'Adrien et je ne sais combien de coupoles et d'obélisques.

Spectacle incomparable, bien fait pour charmer les yeux et enthousiasmer l'âme de l'artiste et du chrétien !...

XVIII

« SANTA MARIA IN COSMEDIN » ET LA
« BOCCA DELLA VERITA »
« SANTA MARIA IN CAMPITELLI »

 Rome, une de mes plus grandes jouissances est de chercher les vestiges du passé, de fouiller ce sol paré d'enchantements où chaque pierre a son nom, chaque débris sa gloire, où la magie des vieux souvenirs vient s'ajouter à l'enthousiasme qu'éveille toujours en moi l'admirable nature italienne.

C'est ainsi qu'un jour, j'arrivai sur la place déserte et rustique de Sainte-Marie *in Cosmedin*, où l'on respire à la fois le recueillement et les parfums des champs. Le Tibre roule tout près ses eaux jaunâtres. La charmante rotonde de l'ancien temple de Vesta, dédié à la Vierge, l'un des monuments les plus purs de forme, les mieux conservés de la Rome païenne, montre à l'œil ravi ses dix-neuf colonnes corinthiennes de marbre de Paros. Un peu plus loin, le temple de la Fortune Virile offre ses deux mille ans et sa frise couverte de bucrânes ou têtes de bœufs. Le portique d'Octave présente encore ses belles colonnes, dernières épaves de ce monument si vaste que deux temples s'y abritaient. Enfin une vasque originale, soutenue par des tritons, lance des gerbes d'eau qui retombent avec grâce dans un bassin de forme antique. Mais la merveille de cette place est sans contredit l'église de *Santa Maria in Cosmedin*, c'est-à-dire « Sainte Marie la bien parée, aux beaux atours, » qui doit son nom au Pape Adrien Ier, et le mérite à tous égards. Elle date du IIIe siècle; c'est l'une des églises de Rome qui conserve le mieux ce caractère des basiliques primitives, qui impressionne si vivement au premier coup d'œil, qui saisit comme une apparition soudaine, et révèle au pèlerin tout un monde d'idées entièrement nouvelles pour lui.

Bâtie sur l'emplacement d'un temple de Cérès, elle en conserve dix colonnes que l'on voit enchâssées dans les murs ; le pavé de la grande nef est d'un bel appareil alexandrin et supporte deux ambons du XIe siècle, de la plus grande beauté. Le campanile est du IXe. Au fond de l'abside, je remarque un siège d'évêque, du XIIIe siècle. Cette église est un véritable musée, où une grande partie du mobilier atteste une origine beaucoup plus reculée que celle de la fondation du christianisme : ainsi le vase de porphyre qui sert de base au maître-autel était employé au culte de Cérès, celui de marbre ciselé, qui tient lieu d'urne baptismale, vient d'un temple de Bacchus.

Les antiquités chrétiennes de *Santa Maria in Cosmedin* ne perdent rien au voisinage de ces témoins d'un culte païen, car ces témoins racontent le triomphe de notre sainte Religion avec plus d'éloquence que ne le feraient les plus célèbres orateurs. Le maître-autel gothique élance gracieusement son baldaquin, surmonté d'une croix dorée, dans l'abside ; le *presbyterium* est accompagné des *pergola*, ou haute balustrade en marbre blanc qui jadis séparait le chœur de la nef. Tout semble vieux dans cette basilique, et les récentes inscriptions que l'on a mises aux pièces que l'on a dû ajouter en la réparant, sont tracées en caractères de l'époque et sur des marbres qui semblent contemporains. Rien ne heurte l'œil, tout se fond dans une tonalité indécise.

J'aime cette vieille petite église où tout rappelle l'antique et où l'âme recueille une impression saisissante de douceur et de paix.

N'était le tramway électrique dont les appels stridents viennent troubler le silence du lieu saint, on se croirait transporté à un autre âge, et à genoux au pied de ces vénérables autels, formés uniquement d'une colonne surmontée d'une table, on mêlerait instinctivement sa prière à celle qui, il y a sept siècles, montait de ces mêmes dalles vers le Très-Haut.

Un des plus précieux ornements de cette église, c'est la Madone que l'on y vénère sous le vocable de « Mère de Dieu toujours vierge ! » Au jugement des connaisseurs, cette image est si belle que Rome elle-même n'en a point qui l'égale. Elle fut apportée d'Orient en Italie au VIIIe siècle, alors que la fureur des iconoclastes sévissait à Constantinople sous le règne de Léon l'Isaurien. Cette guerre des iconoclastes fut pour les arts ce que la prise de Constantinople, par les Turcs, devait être plus tard pour les lettres : de toutes parts on se mit à sauver, à cacher les images saintes, et c'est ainsi que la tradition rapporte cette Vierge à l'émigration byzantine. Chef-d'œuvre d'un siècle où le pinceau est soumis à une doctrine rigoureusement théologique, le caractère de cette Madone a quelque chose de surhumain. Ce n'est plus la Vierge attendrissante de la chapelle Borghèse, c'est le calme suprême de l'éternité qui est imprimé sur ce visage. Les heures n'ont point été des heures pour elle, les siècles se sont passés, et cette apparition du monde des destinées nous dit encore : « Je vis et ne meurs pas ! »

Sous le chœur, est une crypte primitive dans laquelle on descend par deux escaliers. J'y vénérai le corps de sainte Cyrille, fille de l'empereur Dèce, et les reliques de deux cents martyrs de tout âge, de tout sexe et de tous pays.

Cette précieuse église, élevée par le Pape saint Denys en souvenir du second concile d'Antioche, passe pour être la seconde église de Rome dédiée à la douce Reine du monde ; aussi a-t-elle toutes mes sympathies.

Je remarque, sous le portique extérieur de *Santa Maria in Cosmedin*, un grand disque antique de marbre, sur lequel est sculptée une large face humaine ayant la bouche ouverte ; c'est fort curieux.

La légende populaire s'est emparée de ce disque. On force les enfants menteurs à mettre la main dans cette bouche ouverte ; s'ils ne peuvent plus la retirer, c'est qu'ils n'ont pas dit la vérité.

De là vient le nom de *Boccà della Verita* donné à ce disque ainsi qu'à la place et à la rue. Les antiquaires ajoutent que ce masque, trouvé dans l'*Ara Massima*, servait aussi d'épreuve aux citoyens accusés de mensonge, du temps de la république.

Ce disque inspire encore aux enfants et aux jeunes filles la même frayeur superstitieuse que les anciens oracles. Au moindre soupçon de mensonge, on les menace de la bouche fatale ; ils en rient, et rarement néanmoins osent la braver, l'hésitation même n'est-ce pas la véritable épreuve ?

Mais la véritable bouche de la Vérité à Rome, c'est la bouche du Souverain Pontife, cette bouche qui suffit au monde. Pie IX a dit un jour que si la sincérité disparaissait de la terre, elle devrait se réfugier dans le cœur d'un Pape !...

Ces lieux rappellent le souvenir de saint Augustin. C'est ici qu'encore enchaîné dans les erreurs du manichéisme, il enseignait la rhétorique à la jeunesse romaine.

En quittant *Santa Maria in Cosmedin*, je passai par la place Montanara, et j'aperçus, non loin d'elle, la majestueuse façade de Sainte-Marie *in Campitelli*. J'entrai dans cette église, qui est une des plus belles de Rome, grâce à ses vingt-quatre grandes colonnes cannelées qui lui donnent un aspect tout particulier et vraiment monumental. Elle possède une vénérable Madone, considérée comme le *palladium* de la ville. L'image n'est pas très grande ; elle est dessinée en lignes d'or sur un fond d'émail bleu, que quelques personnes ont pris pour un saphir qui serait vraiment gigantesque. La sainte Vierge tient l'Enfant-Jésus, qui élève la main pour bénir. Elle est coupée à mi-corps et tout autour sont deux arbres qui lui font comme un cadre. En haut, se voient les têtes des saints apôtres Pierre et Paul. L'origine de cette image, si vénérée par les Romains, remonterait au 17 juillet 524, sous le pontificat du Pape Jean Ier.

Une noble romaine, surnommée Galla, de l'illustre famille des Amici, ayant perdu son mari, résolut de consacrer le reste de sa vie au service du Seigneur. Son palais devint un hospice où douze pauvres furent recueillis chaque jour. Un soir, tandis qu'elle accomplissait ses charités ordinaires, son échanson vint l'avertir qu'une image de la Vierge se mêlait aux mendiants pour implorer ses bienfaits. Aussitôt sainte Galla fit élever, pour sa précieuse vierge, une superbe église qui a été célèbre dans le moyen âge sous le nom de Sainte-Marie *in Porticu*, ainsi nommée parce qu'elle était près du portique d'Octave. Cette image a joui d'une grande célébrité à Rome. C'était à elle qu'on recourait dans les grandes calamités. Saint Grégoire le Grand la fit porter à la procession pour faire cesser la peste qui désolait la ville, et toutes les fois qu'un malheur menaçait Rome, cette image bénie voyait tous les Romains accourir à ses pieds.

En 1656, une peste effroyable ravageant l'Italie, le sénateur et la municipalité de Rome lui firent un vœu solennel, et, pour l'accomplir, bâtirent en son honneur la belle église de Sainte-Marie *in Campitelli*.

Je circule ensuite entre les tombeaux. Deux attirent mon attention, je dirais même ma curiosité. Placés en face l'un de l'autre et parfaitement semblables, ils ont chacun pour base un lion en marbre rouge antique, supportant une urne et une pyramide en marbre jaune. Les deux statues qui couronnent ces mausolées représentent une dame et un cavalier qui semblent vivre d'un souffle immortel.

Tous deux appuyés sur des coussins de marbre vert à glands d'or, sont agenouillés sur leur tombe comme sur un prie-Dieu. Ce sont deux époux ; leur physionomie est saisissante. Le cavalier, en costume du XVII° siècle, a de longs cheveux flottants sur les épaules, ses traits sont mâles et doux, son air grave et religieux ; il semble incliner vers la tombe plus encore par la pensée que par l'âge.

La noble dame, en riche costume de la même époque, n'est plus très jeune, mais elle est encore belle ; le sculpteur a étendu sur son doux visage un voile de mélancolie et de résignation. On sent qu'elle a vu le fond de la coupe de la vie, et qu'elle en détourne les yeux avec regret peut-être, mais avec espérance.

Quel est ce noble couple ? On l'ignore : c'est une énigme dont la mort seule a le secret. Ces deux magnifiques sépulcres sont muets et impénétrables. Ils ont pourtant des inscriptions, mais elles sont brèves, obscures, et, au lieu de nous éclairer, elles nous plongent dans une nuit très profonde. C'est de l'ombre sur l'ombre, c'est le néant qui plane sur la mort. Je lis en grosses lettres d'or sur le tombeau du mari : « *Umbra*, ombre », sur celui de la femme, « *Nihil*, rien ».

Enfin, là aussi repose sous le marbre le corps du cardinal B. Pacca, le ministre fidèle de l'infortuné Pie VII.

En sortant de cette intéressante église, qui possède

une foule de reliques insignes, je revins par la roche Tarpéienne, si fameuse autrefois, d'où l'on précipitait les citoyens soupçonnés d'aspirer à la royauté ; maintenant qu'elle pourrait dans le nombre choisir ses victimes, les nouveaux princes s'y laisseraient précipiter sans grand danger, car le redoutable mont a presque disparu sous la poussière du temps et sert de potager à son propriétaire.

XIX

UN CENTENAIRE A SAINT-CHRYSOGONE

 Rome, on est au centre des souvenirs chrétiens, des traditions catholiques. Quel est le cœur qui, au contact de cette ville où la vie religieuse déborde de toutes parts, ne l'a pas éprouvé et compris? Qui n'a ressenti jusqu'au plus intime de lui-même l'impression de paix, poésie à la fois mélancolique et sublime, que laissent dans l'âme ces fêtes romaines à nulle autre pareilles?

Le 8 février de l'année 1898, on célébrait à l'église Saint-Chrysogone, la clôture du Triduum solennel, en l'honneur du VII° centenaire de l'institution de l'ordre des Trinitaires pour la rédemption des captifs. Je m'y rendis avec empressement.

A l'extérieur, quelle superbe ornementation! Draperies flottant au vent, guirlandes de verdure émaillées de verres en couleur pour l'illumination du soir. Et, dans l'antique campanile ajouré, les cloches se dandinaient sous le ciel bleu et, par leurs sons clairs et joyeux, appelaient les fidèles à la cérémonie.

En entrant dans la vénérable église, d'origine constantinienne, je suis éblouie : les vingt-deux colonnes de granit rouge égyptien qui séparent les trois nefs, sont couvertes de velours rouge entremêlé de bandes dorées. Des gazes d'argent et d'or, de châtoyantes étoffes velours et soie, se mêlent, s'enchevêtrent avec un goût parfait, un luxe inouï, autour des cintres, des portiques, des fenêtres, des tribunes, donnant un air de grandeur et de magnificence qu'on ne peut rendre.

Au-dessus de l'autel, un immense tableau représente saint Jean de Matha aux pieds d'Innocent III, qui approuve l'ordre des Trinitaires, et plus haut, le Père, le Fils et le Saint-Esprit ratifient ce que le Pape approuve. Un ange tient la chaîne de deux pauvres captifs dont l'un est noir et l'autre blanc. Ils élèvent leurs mains vers le ciel, tandis qu'au loin un vaisseau s'éloigne sur les flots agités de la mer.

Autour de cette toile admirable, des nuages d'argent lui forment comme une auréole céleste, tandis que deux rangées de lustres l'éclairent et la font resplendir.

Tout le long de cette vaste église, s'échelonnent de longues guirlandes de lustres allumés, qui montrent à l'œil ravi la superbe fresque de la voûte représentant le triomphe de saint Chrysogone, œuvre du Guerchin, puis des peintures exquises, de riches mosaïques et des stalles délicatement sculptées.

On ne saurait exprimer la splendeur des décorations, vraiment grandioses et artistiques, dont Rome a le secret pour honorer ses saints et qui vous transportent dans un monde idéal... Et lorsque les Vêpres commencèrent... quelle divine harmonie, quels chants sublimes ! C'était comme l'aspiration infatigable d'un cœur gémissant qui ne peut se reposer qu'en Dieu !... éternel élan de l'âme captive qui adore et implore !...

Après ces chants qui durèrent plus d'une heure, Mgr Antonio Dei Baroni Sardi fait le panégyrique de saint Jean de Matha et de saint Félix de Valois, dans cette langue italienne qui se parle avec tant de grâce et de facilité. Il est écouté dans un religieux silence par la foule immense qui remplit l'église. J'admire le *palco*, sorte d'estrade, où l'orateur se promène de long en large comme sur un balcon et qui a la forme, dit-on, de la tribune antique du Forum. Il était orné d'une façon charmante, d'or, de velours et de soie. Tout autour, se pressait un grand nombre de femmes du Transtévère. Il faisait bon les voir accroupies ou adossées à quelque pilier, la tête encapuchonnée, les yeux élevés et attentifs comme les saintes Femmes d'une vieille peinture. On sait qu'il est interdit au sexe de pénétrer nu-tête dans les nefs à Rome, où les femmes de tout âge sortent sans coiffure même en hiver. Pour entrer à la messe ou à la *Funzione*, elles se font donc une capuche de leur châle. Cette prescription remonte à la primitive Église.

Après le sermon, une belle procession s'organise ; les Trinitaires, dans leurs blancs costumes, un cierge à la main, font le tour de la vaste église, au son de l'orgue qui jette ses notes les plus harmonieuses. Avec leurs yeux baissés, leur tête ornée de la couronne de cheveux, ils ressemblaient à des anges descendus du ciel pour la cérémonie. Plusieurs cardinaux et évêques, mitre en tête et crosse en main, terminaient ce cortège en ajoutant à sa beauté.

Tout cela faisait de cette solennité quelque chose d'exquis pour l'âme ! Le cardinal Cretoni entonne ensuite le *Te Deum* solennel, que tout le peuple italien chante avec enthousiasme ; puis Son Eminence donne la bénédiction du Très Saint Sacrement, qui clôture cette inoubliable fête.

Quand je sortis de l'éblouissante basilique, il faisait un temps d'une douceur extrême, la lune répandait sur la terre des torrents de lumière argentée. Elle était triste et douce comme le souvenir. N'est-elle pas l'astre du passé qu'elle ressuscite et qu'elle embellit ?

XX

LA VISION DU 3 MARS 1898
A LA CHAPELLE SIXTINE

OME est la merveille du monde et le Pape est la merveille vivante de Rome. Aussi aller à Rome sans voir le Pape, a dit un auteur, ce serait aller en paradis sans voir le bon Dieu.

J'avais éprouvé ce bonheur déjà plusieurs fois et néanmoins je voulais le ressentir encore. Le 3 mars, fête de l'anniversaire de la naissance et du couronnement de Sa Sainteté, il y a messe solennelle à la chapelle Sixtine. Léon XIII y vient, porté sur la *Sedia*, dans tout l'éclat de sa majesté souveraine. J'avais reçu un billet d'invitation : je fus heureuse d'en profiter.

Dès 8 heures et demie, je montais, le cœur joyeux, le grand escalier du Vatican, déjà encombré de monde. Placée au premier rang de la tribune réservée aux dames, il me fut facile d'admirer les merveilles de peinture accumulées en ce lieu par le génie de Michel-

Ange. Je ne les décrirai pas, l'ayant fait dans un premier volume, *Fioretti di Roma*.

Au-dessous de ces personnages, ayant leurs rôles dans les scènes reproduisant des traits de l'Ancien et du Nouveau Testament — car Michel-Ange s'inspirait de la Bible comme Raphaël de l'Evangile, — d'autres personnages se mouvaient, qui attiraient aussi mon attention. C'étaient les suisses, dont le costume bariolé pourrait choquer partout ailleurs, mais qui, dans ce cadre incomparable, s'harmonise admirablement ; les gardes-nobles, casque en tête les chevaliers de Malte, les camériers de cape et d'épée, au pourpoint de satin noir, au manteau de velours, l'épée en forme de croix, la chaîne d'or et la fraise empesée, qui semblaient descendus vivants des toiles de Van Dyck ou de Velasquez. C'étaient les ambassadeurs, les ministres plénipotentiaires de plusieurs Etats, en brillants uniformes. C'étaient les chanoines, prélats, abbés d'ordres religieux, évêques, cardinaux, grands dignitaires de l'Eglise, qui passaient également sous nos yeux comme en un tableau féerique.

A 11 heures, le silence s'est fait grave et solennel. Tout à coup le Souverain Pontife apparaît, porté sur la *Sedia Gestatoria*. C'est comme un coin du ciel qui se déchire à nos regards. C'est le commencement de la vision... Léon XIII vient vers nous, donnant alternativement à droite et à gauche sa bénédiction. Son regard perçant attire et émeut. Chacun peut croire être distingué spécialement et communiquer une minute avec lui. On a la sensation troublante d'une âme appartenant à l'autre monde revenue passer quelques instants sur celui-ci. La face, les mains sont exsangues ; il semble qu'on voie le jour au travers. Mais l'intelligence, l'énergie et la volonté rayonnent sur ce visage émacié. Quelle vie dans ce noble vieillard entré hier dans la quatre-vingt-neuvième année de son âge ! Quelle dignité dans ce Pape qui commence la vingt-et-unième année de son Pontificat ! Quelle bonté ! quel charme inexprimable dans le sourire de ce Père qui passe, radieux de bonheur, au milieu de ses enfants qu'il bénit !... Quelle majesté dans ce représentant de Jésus-Christ, dans ce 258ᵉ successeur de Pierre, dans ce Chef suprême de la sainte Eglise catholique, apostolique et romaine. A sa vue, les cœurs battent plus fort dans les poitrines, les yeux se remplissent de larmes.

La *Sedia* s'arrête au pied de l'autel très simple ; cinq chandeliers, pas un ornement, pas une fleur... Le Pape descend et s'agenouille. On lui enlève la tiare, qu'on remplace par une mitre blanche, et, après une prière, il gravit majestueusement, mais allègrement aussi, les degrés de son trône. Et la messe commence.

C'est le cardinal Séraphino Vanutelli qui officie... Alors seulement se font entendre les chants admirables de la Sixtine. En écoutant ces accords qui se succèdent si merveilleusement, on oublie la musique, on cherche le rêve de l'infini. Il semble que chaque partie ait un rôle, une volonté dans le tout. Ces voix humaines composent une harmonie vivante dont nul, mieux que Palestrina, ne comprit la sévère beauté. Chant plein de gravité, qui est doux et pas mondain ; qui charme les oreilles et touche le cœur ; qui dissipe la tristesse, calme les maux, et qui, au lieu d'éviter le sens des paroles, en féconde l'esprit.

Au *Sanctus*, à la Communion, le Pape descend de son trône pour revenir se prosterner devant l'autel. Je ne pouvais quitter des yeux cette figure extraordinaire, cette tête qui pense sans cesse, la vitalité, la nervosité de la pensée se traduisant par des mouvements inconscients des paupières, des lèvres et du menton. De temps en temps, il semblait que, fatigué d'être assis, le corps s'affaissât comme s'il allait tomber en avant. Et alors, comme par une forte respiration, comme par un grand effort de volonté, on le voyait se redresser et reprendre la position première, le visage tourné vers le ciel. A la fin de la messe, après le défilé des cardinaux qui viennent l'un après l'autre s'agenouiller devant lui, il se lève et d'une voix forte, lentement, gravement, en ponctuant d'admirable façon, il bénit l'assistance.

On est vraiment stupéfait d'entendre, de ce corps si frêle, sortir une voix si pleine et si sonore. Léon XIII donne cette bénédiction avec une grâce majestueuse et une piété surhumaine. Suspendu entre le ciel et la terre, les bras étendus, comme Moïse sur la montagne, c'est le chef du peuple de Dieu qui résume toutes les forces de la prière pour attirer sur nous toutes les grâces d'En-Haut... C'est vraiment une apparition céleste que celle de ce beau vieillard, vêtu de blanc, entouré à droite et à gauche, des grands éventails de plumes, qui semblent les ailes des anges qui le soutiennent dans les airs.

Un frisson sacré passe sur tous les cœurs, tous les genoux se courbent, toutes les têtes s'inclinent... Moment inoubliable pour qui l'a vécu !...

Le cortège se remet en marche... Le voici arrivé au bas de la chapelle. Le Pape disparaît à nos yeux !

Et dans les galeries du Vatican, les acclamations de nouveau retentissent !...

Notre douce vision avait duré une heure et demie !

XXI

GALERIE COLONNA
LE SENTIER DU POUSSIN

Es palais de Rome, comme je l'ai déjà dit, constituent un des traits saillants de la physionomie de la Ville Eternelle. Elevés presque tous par des cardinaux ou d'autres princes de l'Eglise, ils sont construits sur de grandes proportions. Une cour carrée, presque toujours ornée d'une fontaine jaillissante et d'arbustes en fleurs, un escalier d'honneur en marbre blanc, de riches galeries destinées aux œuvres d'art, une façade qui demande impérieusement une restauration, tel est l'aspect que présentent ces édifices bâtis par Bramante, Fontana, Maderne, Sangallo, Peruzzi. Quant aux collections artistiques faisant partie du majorat de la famille, elles sont devenues, de fait, des musées publics auxquels l'accès est des plus faciles.

Ayant déjà visité, dans mes autres voyages, les *palazzo* Corsini, Barberini, il me restait à voir celui du prince Colonna, commencé par le pape Martin V, qui est de cette noble famille. Par une belle après-midi, je me dirigeai vers la *Via della Pilotta*, dans laquelle s'ouvre la porte de la superbe galerie.

Dès l'entrée de la première salle, je reste en contemplation devant la « Vierge avec saint Pierre » par Palma Vecchio, le portrait de saint Pie V et celui de Marc-Antoine Colonna, le triomphateur de Lépante. Une colonne en spirale, de rouge ancien, historiée de basreliefs du XVIe siècle représentant l'emblème des princes Colonna, est un des ornements les plus remarquables de cette pièce. Une large baie la fait communiquer au grand salon, ou la galerie, qui est un véritable sanctuaire de l'art.

Mes yeux sont éblouis par les stucs, les miroirs vénitiens embellis de gracieuses peintures, par les quatre colonnes plaquées de jaune antique qui soutiennent les arcs aux deux extrémités, par les encadrements des fenêtres en brèche africaine, par le pavement composé de marbres précieux, et enfin par la voûte qui est une splendeur. Elle représente les faits d'armes des Colonna et entre autres la bataille de Lépante gagnée par Marc-Antoine. Cette peinture est de Coli et Ghérard, peintres Lucquais renommés. Parmi les tableaux dignes de remarque de cette vaste salle, qui mesure soixante-dix mètres de longueur et douze en largeur, je distingue l' « Assomption » de Rubens, « Saint Jérôme » de Ribera, « Adam et Eve » par Salviati, le « Martyre de sainte Emerentienne » du Guerchin, « Saint François » par le Guide. « Sainte Marie-Madeleine » dans une gloire; « Saint Pierre délivré de la prison par un Ange » de Lanfranc, « Saint Jean-Baptiste » sous les traits de Salvator Rosa, par l'artiste de ce nom, « Notre-Seigneur aux Limbes » sur le dessin de Michel-Ange, et une foule d'autres merveilles qu'il serait trop long d'énumérer.

La salle suivante possède un bel écrin en ébène, orné d'incrustations de lapis-lazuli, d'agates orientales et d'autres pierres précieuses, ainsi qu'une magnifique armoire, également en ébène, ornée de vingt-huit bas-reliefs en ivoire, sculptés par les frères Steinhart. J'admire celui du milieu qui reproduit le jugement dernier peint par Michel-Ange à la Sixtine. Je contemple avec ravissement des paysages en détrempe par Poussin, qui a si bien su reproduire les sites grandioses de la campagne romaine, et les effets merveilleux qu'y produit l'astre du jour depuis son lever jusqu'à son déclin... Je considère avec bonheur une vue des ruines du palais des Césars, par Claude Lorrain, dont il est dit qu'il arrêtait le soleil sur ses toiles et qu'il était le Josué de la peinture... Chose singulière, ce sont des yeux français qui ont le mieux vu la lumière de l'Italie. C'est une gloire pour notre chère patrie : je suis fière de le constater.

Je passe dans la quatrième salle. Ici, partout encore l'admiration naît sous le regard qui tombe sur ces toiles, la plupart chefs-d'œuvre d'un siècle qui a connu l'idéale beauté de l'idée religieuse. Louis Veuillot a dit avec raison que les beaux-arts sont la réponse d'amour de l'homme à toute cette beauté de la nature par laquelle Dieu nous dit: « je vous aime », et c'est pour cela qu'ils sont beaux. Et l'art qui cesse d'aimer Dieu peut rester habile, qu'importe ! il n'est plus beau.

Dans le plafond, je vois peinte l'apothéose de Martin V, pape. Suspendus aux parois, se trouvent une « Sainte Famille » par Bronzino, l'«Ange Gardien » du Guerchin, la « Musique » de Paul Véronèse, sous la forme d'une figure vénitienne. — Qu'elle est belle cette « Vierge » de Sasso Ferrato, à la physionomie empreinte d'un angélique amour ! et cette « Sainte Agnès » de Guido Reni... Quelle candeur virginale respire en tous ses traits, c'est bien une des meilleures compositions du grand artiste. « Saint Bernard, » de Bellani, me frappe par son air austère et inspiré, par sa beauté noble et sévère, c'est vraiment le religieux et le saint.

Le cinquième salon n'a pas de tableaux. C'est une magnifique pièce lambrissée d'or, tendue de brocard antique rouge sur fond jaune avec un baldaquin de même étoffe, sous lequel est placé le trône principesque dont le siège est tourné à l'envers pour montrer qu'il n'y a que le Pape qui puisse s'asseoir dessus. Le prince Colonna ayant l'honneur d'être assistant au trône pontifical, a le privilège de posséder une salle du trône. Un riche tapis de Perse complète cette royale décoration.

J'arrive dans la dernière pièce, où un beau paysage de l'Albane me ravit délicieusement. A côté de ce tableau champêtre, j'aperçois le « Moïse » du Guerchin, « Esaü et Jacob » de Rubens, le « Christ en croix » par J. Avanzi, puis le groupe charmant de la « Vierge avec l'Enfant-Jésus et saint Jean-Baptiste » de Jules Romain. Cette *Madona* est idéalement belle dans son céleste rayonnement. L'Enfant-Jésus, doux et triste, attire le cœur par son expression de suave bonté... Ce n'est plus seulement l'admiration, c'est la prière qui jaillissait de mon cœur dans cette contemplation ardente des chefs-d'œuvre que j'avais sous les yeux !...

Quand on a considéré tant de ravissantes choses sorties de la main des hommes, on sent le besoin de monter plus haut pour regarder celles sorties de la main du Créateur.

On se repose de la vue de tant de richesses artistiques par la contemplation d'une beauté plus sereine. C'est pourquoi je quittai l'admirable galerie Colonna, pour aller promener ma rêverie là où le grand peintre Poussin aimait à rêver seul, au soleil couchant, et prenait des teintes et des fonds pour ses paysages.

Je traversai en hâte le Corso toujours vivant et animé à cette heure-là et, sortant par la place *del Popolo*, je pris à gauche, le long des murailles de Rome, pour tomber sur les bords du vieux Tibre. Je continuai à droite ce chemin, qui suit toutes les sinuosités du fleuve-roi jusqu'au *Ponte Molle*, et j'arrivai à la promenade pittoresque et solitaire de l'artiste dans la campagne silencieuse.

Qu'il faisait bon et qu'on était bien... Il y avait dans l'air une fraîcheur douce et parfumée qui pénétrait l'âme d'un baume consolant, et les petits oiseaux chantaient sous la feuillée. Le Tibre roulait ici ses eaux jaunes comme au temps de Romulus. Le Ponte Molle surmonté d'une vieille tour percée en forme d'arc de triomphe, étroit, tortueux, embellissait le paysage ; je franchis ses lourdes piles garnies de vases et de siècles ; elles virent Cicéron arrêter les députés Allobroges, complices du traître Catilina, et assistèrent plus tard aux conférences de Pompée et de Lépide.

Devant moi se dressait le *Monte Mario*, terre bénie qui, dans un jour de gloire, vit Constantin, arborant la Croix, noyer à jamais, dans le Tibre, Maxence et le paganisme.

Au fond des lointains les montagnes s'enlacent, s'enfuient, s'enfoncent dans le bleuissant horizon. Le soleil couchant remplissait d'étranges splendeurs ce grand espace peuplé de souvenirs; tous les domes de Rome étincelaient au loin et Saint-Pierre, dans sa majesté solitaire, se détachait du reste de la ville comme une île de marbre et d'or.

C'était d'un aspect mélancolique et bien doux... Rome n'est-elle pas déjà le portique de la céleste Jérusalem, et je songeais en considérant ce tableau à ces paroles de Dom Guéranger : O Rome ! nous vivons par toi de la vie du cœur et de l'intelligence, et tu nous prépares à habiter un jour cette autre cité dont tu es l'image, cette cité du Ciel dont tu formes l'entrée.

XXII

LE « JESU »

 Rome, on ne peut pas plus séparer l'art de la Religion, que l'enfant de sa mère. C'est pourquoi les églises possèdent tant de chefs-d'œuvre qui attirent le regard et élèvent les âmes vers Dieu. Je songeais à cela en suivant la longue *Via Nazionale* pour me rendre au *Jesu*. Je passai devant le palais de Venise, immense édifice carré, gardant encore sa couronne de créneaux. Charles VIII y logea, allant à la conquête du royaume de Naples ; peut-être y rêva-t-il la gloire de Fornoue, et la fin prématurée qui l'attendait au beau pays de France.

J'arrive devant l'église du *Jesu*. La façade n'offre rien de remarquable, mais que l'intérieur est riche et beau ! Il renferme des pilastres composites, des stucs dorés, des sculptures en marbre et de belles peintures. La voûte de la grande nef a été peinte par Baciccio, qui y a représenté le « Triomphe du Saint Nom de Jésus ». Il y a quatorze chapelles. Je ne puis toutes les citer.

Celle qui a le plus attiré mes regards et mon cœur, est la délicieuse petite chapelle de Notre-Dame *della Strada*. Elle est solitaire, mystérieuse dans son enfoncement, toujours illuminée et entourée de fidèles. J'y remarque de ravissantes peintures : les « Epousailles de saint Joseph et de la sainte Vierge », puis une autre qui les montre tenant Jésus enfant par la main et lui faisant essayer ses premiers pas. C'est inimitable de charme, de simplicité, de naturel. Je ne pouvais me lasser de la contempler. Les bas-reliefs des colonnes représentent l'approbation des règles de la Compagnie de Jésus.

Mais ce qui me plaît surtout dans cette église, c'est le tombeau de saint Ignace, le pieux fondateur de cette glorieuse Société, attendu par la miséricorde divine devant Pampelune, comme autrefois saint Paul sur la route de Damas. Officier plein d'ardeur, gentilhomme élégant, fier de sa jeune beauté, ce fut par la souffrance que Dieu visita son âme. S'étant fracturé une jambe, il s'aperçoit au bout de quarante jours qu'il boite un peu ; sans hésiter, il se la fait recasser de nouveau. Ses journées s'écoulent longues, ne ressemblant guère à sa vie joyeuse ; une Vie des Saints tombe sous sa main, il la parcourt par désœuvrement. Aussitôt la grâce transperce son âme ardente. Il demeure boiteux ; que lui font maintenant les vanités du monde ! Ignace n'est plus cet officier bouillant, étonnant l'armée espagnole de sa téméraire bravoure, mais il sera toujours le plus vaillant des serviteurs de Dieu. Plus tard, quand, riche de grandes œuvres, son âme sera prête à s'envoler, il se soulèvera sur sa couche, et, par un suprême effort, ses lèvres mourantes laisseront échapper le cri de toute sa vie : Jésus !

Le corps du glorieux saint repose dans une chapelle resplendissante d'or, que la piété des fidèles lui dédia. Le fronton en est orné par les trois personnes divines. La main du Père Eternel supporte une boule de lapis-lazuli d'une valeur inestimable ; c'est la plus grosse que l'on connaisse. On trouve encore dans cette chapelle deux admirables groupes : la Religion terrassant l'Hérésie, puis adorée par les peuples barbares. Ce qu'il y a aussi de remarquable c'est un tableau de saint Ignace, qui surmonte l'autel. Il est juste de la dimension d'une grande niche qu'il cache entièrement, et il disparaît à l'aide d'un mécanisme ingénieux pour laisser voir, aux grandes fêtes, la riche statue du saint qui a deux mètres quatre-vingt-dix de hauteur. Cette statue, qui fait groupe avec trois anges, a la tête et la chasuble en argent, le reste est de cuivre argenté.

Vis-à-vis j'aperçois la chapelle de saint François-Xavier, qui contient un reliquaire ovale où l'on vénère la main et le bras droit du grand apôtre des Indes, ce bras qui, à lui seul, baptisa un million d'infidèles. Il est desséché mais encore intact ; les cinq doigts sont ornés de pierres précieuses. Le maître-autel est entouré de quatre belles colonnes antiques, d'un seul bloc de marbre.

Dans le transept, il y a deux orgues richement décorées. Il m'a été donné de les entendre durant plusieurs cérémonies. Je ne saurais exprimer l'effet que m'a produit leur voix multiple, vague, caressante, terrible, inexplicable comme le souffle du vent, et où chacun peut entendre les échos des rumeurs de son âme. Cette voix seule a la puissance qu'il faut pour retentir à l'infini. Mélangée aux voix humaines qui sont si belles à Rome, elle les soutient, les perfectionne et les complète. Cette musique sacrée est une des plus grandes jouissances de la Ville Eternelle pour qui sait la comprendre et la goûter.

En quittant cette admirable église, j'allai visiter la chambre de saint Ignace, conservée au couvent voisin. Elle a été transformée en chapelle. Que de souvenirs, que de monuments éloquents dans ce lieu béni ! Un modeste autel est dressé là, où a vécu, où est mort ce grand saint, là où ont été conçus, fécondés tant de projets de zèle et de charité aussi vastes que le monde, aussi variés que les misères des fils d'Adam.

Ici est mort également saint François de Borgia, ce grand d'Espagne, ce vice-roi de Catalogne, qui, voyant dans son horreur le pâle cadavre de la puissante Isabelle, en conçut un tel dégoût des vanités de ce monde, qu'ayant perdu sa femme peu après, il vint aussi se presser sous la vaillante bannière de Jésus.

Ces murs augustes rappellent encore les grandes figures de saint Charles Borromée, qui célébra sa première messe sur cet autel ; du doux évêque de Genève, saint François de Sales, qui offrit plusieurs fois les saints Mystères dans cette chambre bénie. L'angélique Louis de Gonzague y prononça ses vœux entre les mains de saint Ignace, et saint Stanislas de Kostka, entre celles de saint François-Xavier.

Saint Philippe de Néri, ce chaste émule des anges, venait souvent converser là avec le pieux fondateur de la Compagnie de Jésus.

Ce sanctuaire exhale un véritable parfum de solide piété et de dévouement inaltérable à la sainte cause de l'Eglise. On le contemple avec bonheur.

Je vois à droite le portrait d'Ignace de Loyola et un tableau qui représente sa mort.

L'autel est surmonté d'une Madone, au regard grave et affectueux. Que de fois le vaillant athlète de Jésus-Christ a célébré la messe devant cette image ! A côté, il y a un meuble qui a servi au même saint, et au-dessus le portrait de saint Charles Borromée. Sur la paroi du mur qui fait face à l'autel, je vois des autographes de saint Ignace, des bienheureux Alphonse Rodriguez et Jean de Britto, puis un portrait de saint François de Sales et un de saint Philippe de Néri.

Près de la porte qui s'ouvre sur l'appartement qui suit, je remarque l'emplacement du lit sur lequel saint Ignace rendit le dernier soupir.

Dans l'antichambre, on me montre une cheminée, une fenêtre et une armoire qui datent de l'époque où le saint occupait cet appartement. Elle renferme la barrette et le calice de l'illustre et pieux cardinal Bellarmin, le parasol si glorieusement historique porté par saint François-Xavier lorsqu'il fut admis à l'audience solennelle du roi du Japon.

Ce parasol, fait de l'écorce d'un arbre, se distingue par de riches dessins en or d'un très beau travail, et réunit à la dimension d'un petit parapluie la légèreté d'une plume.

Je terminai ma visite à la chambre tant de fois vénérable de saint Ignace en passant par une plus petite dans laquelle il travaillait. C'est là qu'il écrivit ses immortelles Constitutions. Sa statue y est revêtue des habits sacerdotaux dont il se servait, et ses pieds sont couverts de la chaussure même qu'il portait. Là, se trouve aussi la *loggia*, petit balcon où il venait respirer l'air et méditer quelquefois la nuit. Il s'écriait alors : « Que la terre me paraît vile quand je regarde le ciel ! »

Voilà les joies de Rome... En pourrait-on trouver de plus salutaires à l'âme, de plus délicieuses au cœur ?

XXIII

PALAIS DORIA PAMPHILI
ET « SANTA MARIA IN VIA LATA »

ULLE part on ne goûte comme à Rome cet enchantement que l'histoire et les arts y répandent avec profusion. Voilà pourquoi j'aimais à me promener dans le Corso, qui n'est qu'une ligne de longs et somptueux palais. Le premier en gloire et en beauté est le palais Doria Pamphili, qu'on aperçoit dès l'entrée de la rue, prolongeant au loin sa majestueuse façade. Ce n'est plus l'abandon de la demeure des Barberini. Un suisse dont le chapeau et la hallebarde seraient admirés dans bien des cathédrales, en garde l'entrée.

Arrivant au jour désigné pour la visite de la galerie de tableaux, il me laisse pénétrer dans le superbe *palazzo*. Je jette un regard admiratif sur les colonnades enserrant la cour, sur l'exquise fontaine du milieu et sur les odorants massifs d'orangers et de camélias qui l'ornent si gracieusement. Je monte l'escalier de marbre blanc et, dès les premiers pas, je m'aperçois facilement qu'ici règne l'opulence. Les galeries sont splendides; des glaces, des peintures, des portières de velours en rehaussent l'éclat. Elles sont remplies d'admirables créations de Van-Dyck, de Rubens, du Titien, de Veronèse, du Guide. C'est un assemblage de tableaux de différentes écoles et de la plupart des artistes connus et aimés de tous. La première salle est consacrée aux toiles représentant des fruits, des fleurs et du gibier. Dans la seconde, ce sont les paysages qui abondent. La troisième salle me retient devant une délicieuse Madone de Louis Carrache; ces douces figures de Vierge sont vraiment le chef-d'œuvre de la peinture italienne. Dans la quatrième, je remarque le « Massacre des Innocents », par Manzolini et de jolis paysages de Salvator Rosa.

Traversant un cabinet dans lequel se trouve le buste en marbre du prince Philippe André V Doria Pamphili, je vois une très jolie « Vision de saint Jean », par Breughel et un portrait de femme, par Caravage.

La cinquième salle, dite des écrins, m'offre un « Saint-Jérôme », du Guerchin, qui est un véritable trésor artistique, une « Sainte Famille », par Botticelli; la « dernière Cène », de l'école vénitienne, et un ravissant paysage, du Poussin.

La sixième salle possède « Sainte Agnès », du Titien; la Sainte Famille et deux saints, par Paul Veronèse. Dans la septième salle, dite des bronzes, j'admire le « Couronnement de la Vierge », par Louis Carrache, et une « Déposition de la Croix », par Paul Véronèse.

La huitième et la neuvième salle me présentent tour à tour « Sainte Marie-Madeleine », du Titien; la « Judith », du Guide ; la « Sainte Vierge et l'Enfant-Jésus », par Rubens et une « Sainte Famille », par André del Sarto.

Je ne puis citer toutes les merveilles que renferment les dixième, onzième et douzième salles, je décris seulement celles qui me frappent davantage, comme l'*Ecce-Homo*, de Louis Carrache ; « Saint Pierre », par le Guide ; le « Sacrifice d'Abraham », par Titien ; la « Gloire qui couronne la Vertu », ébauche du Corrège ; « Repas à la campagne », par David Téniers ; portrait d'un duc de Ferrare, par le Tintoret.

Je passe ensuite dans la salle de bal, qui est toute tapissée de velours et ornée de lustres et de glaces ; dans celle dite des tableaux du Poussin ; et entrant dans la galerie de l'aile gauche, je reste extasiée devant l'« Assomption » ; la « Visitation » et la « *Pieta* », d'Annibal Carrache, admirables chefs-d'œuvre où tout se réunit pour charmer le regard et raviver la pensée. Dans un cabinet à côté, je rencontre le buste en marbre de Marie Doria Pamphili, née Talbot, et celui d'André Doria, par Sébastien del Piombo. Le grand amiral, dont j'ai visité le palais à Gênes, porte un vêtement fatigué ; sa longue toque de velours noir couvre à demi un front plissé ; les yeux vifs, le teint ardent, la barbe inculte et hérissée dénotent en lui un mélange de l'audace du forban et de la ruse du Génois. Il devait être peu soucieux de sa personne. En face, une toile de Vélasquez représente Innocent X, la plus haute illustration des Doria Pamphili. Le contraste entre le Pontife et le vieil écumeur de mer est admirable et résume la dissemblance des deux caractères. Enfin un délicieux portrait de saint Philippe de Néri, encore enfant, par Baroche, complète cette collection unique en son genre.

Dans la galerie à droite, ornée également de glaces, je contemple la « Fuite en Egypte », par le Lorrain ; l' « Enfant prodigue », par le Guerchin ; la « Sainte Vierge et son Divin Enfant » par le Guide; les « noces Aldobrandines », copie faite par le Poussin, etc.

Après avoir joui à loisir de toutes ces splendeurs, je quittai la princière demeure des Doria Pamphili en bénissant les hôtes des illustres palais romains qui les ouvrent à tous et ne gardent point pour eux seuls les trésors de leurs musées et de leurs incomparables galeries.

Attenante au superbe *palazzo*, j'aperçois une charmante église. C'est celle de *Santa Maria in via Lata*, qui appartient au prince Doria et est entretenue à ses frais. Elle brille d'or, de marbres, de bronzes et de tombeaux ; mais l'endroit le plus précieux, c'est la crypte où saint Paul fut retenu captif pendant deux ans, par l'ordre de Néron. J'y descends avec émotion. C'est donc là, me disais-je, où a habité Paul de Tarse ! Lié à un soldat, il attendait le jugement de César. Captif, il prêchait le Christ ; et malgré ses chaînes, la Parole de Dieu n'était pas liée. Ici, sous la dictée de l'Esprit-Saint, furent écrites quelques-unes de ces Epîtres qu'Ambroise appelle « le lait dont l'Eglise a été nourrie au berceau ». Là, prisonnier, il écrivait aux Ephésiens :
« Priez, afin que Dieu me donne d'annoncer libre-
« ment l'Evangile, même dans les chaînes, et que je le
« publie avec hardiesse comme je dois. » Ici a vécu ce soldat dialecticien, à l'audace héroïque, aux colères

Le Temple de Vesta et le Temple de la Fortune Virile

ardentes, aux tristesses profondes et aux magnifiques enthousiasmes: vie réelle et intense qui ne s'explique que par la source dont elle jaillit : l'**Apôtre** est le reflet du Christ comme d'autres personnages évangélistes furent son ombre.

J'ai parcouru les deux salles basses et obscures qui ont entendu le son de sa voix, considéré avec attendrissement la colonne où il a été attaché, et la source miraculeuse que sa parole fit sortir de terre pour baptiser ceux qu'il enfantait à Jésus-Christ. J'ai baisé de grosses chaînes rivées au mur, avec lesquelles, dit-on, les pieds et les mains de Paul ont été attachés.

O Rome ! ô terre de la lumière, des miracles et de la miséricorde !... Le parfum du miracle est resté dans l'humble crypte de *Santa Maria in via Lata*.

XXIV

UNE DERNIÈRE PROMENADE
LES THERMES DE CARACALLA
LES COLOMBARIA

VANT de dire adieu à Rome, je voulus revoir encore la célèbre *Via Appia*, où chaque pierre semble avoir une bouche pour rappeler quelque grand souvenir. L'attrait des ruines est si puissant ! C'est peu de chose en soi qu'un débris, qu'un informe morceau de pierre, mais quand cela a vécu, quand il y a une histoire, c'est-à-dire une parcelle de l'homme, alors les briques rompues se transfigurent en diamants !

Rome est le rendez-vous des deux mondes : le monde païen et le monde chrétien s'y rencontrent, et, sous peine de mal voir ou même de ne rien voir, il faut les étudier l'un et l'autre.

C'est ce qu'on peut faire admirablement sur la *Via Appia*, où l'on rencontre, à côté du tombeau des Scipion, la petite église *Domine quo vadis*, qui apparaît comme un doux rayon d'En-Haut éclairant le paganisme tombé. Non loin des catacombes, on aperçoit les thermes de Caracalla si pompeusement loués par les auteurs anciens.

D'une origine essentiellement romaine, ces immenses bains révèlent un coin de l'existence antique que je cherchais à travers les ruines de Rome païenne. Ces thermes, commencés par Caracalla en 212 et achevés par Alexandre Sévère, pouvaient contenir seize cents baigneurs. Les Romains faisaient un usage fréquent des bains ; non seulement chaque maison de maître en possédait, mais chaque ville avait ses bains, dont l'entrée était gratuite, et que l'on nommait *Thermæ*. Leur somptuosité était merveilleuse. On y a trouvé une foule de statues qui sont allées enrichir le musée de Naples et celui du Vatican, qui a reçu le « Torse », les « Deux Gladiateurs », la « Vénus Callipyge ». Des marbres précieux, des mosaïques admirables dont je vois encore quelques débris, ont été portés au musée de Latran. En parcourant ces salles immenses, on convient que Caracalla savait se montrer magnifique pour ses Romains : théâtres, bibliothèques, rien n'y manque. On reconnaît très bien le *lepidorium*, grande pièce couverte à l'origine d'une voûte plate, contenant quatre grands bassins destinés aux bains d'eau tiède. A gauche, s'ouvre la grande salle non couverte des bains froids ou *frigidarium* avec une piscine pour les nageurs. A droite se trouve l'étuve, ou *caldarium*, salle circulaire aux murs très épais. On a découvert les appareils de chauffage et les conduits pour l'eau chaude. C'est d'un grand intérêt. Les Romains prenaient là toutes sortes de divertissements. Ils s'exerçaient à la natation, à la palestre, on étudiait, on causait politique, etc.

Du haut de ces thermes en ruine, le panorama de la campagne romaine se déroule dans toute sa sévère et grandiose beauté. La Voie Appienne, qui compte près de deux mille ans d'existence, se déploie dans le lointain entre ces ruines deux fois solennelles, squelettes de tombeaux. Par delà les aqueducs, loin, loin, s'échelonnent des montagnes couvertes de verdure et de neige sur l'horizon radieux. Rien n'est si grand, rien n'est si beau ! Rome seule peut donner de tels spectacles !

Je repris le chemin de la poétique *Via* et marchais doucement parmi ses ruines, qui n'inspirent pas de sombres pensées et semblent plutôt des corbeilles de pierres réservées à des roses éternellement renouvelées qu'à des cachettes destinées à des débris humains, lorsque j'aperçus, sur la porte d'un escalier tournant qui descend dans un profond souterrain, ces mots :

Colombarium liberatorum domus Augustæ.

Je me trouvais devant le sépulcre des affranchis d'Auguste. J'en éprouvai une vive joie, ayant depuis longtemps le désir de voir un *Colombarium*. J'y entrai donc... Quelle chose curieuse ! Arrivée à la chambre mortuaire, area, qui forme un quadrilatère, je reconnus, à la lueur de la torche que portait la gardienne de ce lieu, une grande quantité de petites niches semblables à des nids de colombe. De là le nom de *Colombarium*.

Ces niches, pratiquées dans les quatre parois,

terminées en plein cintre, **arcuatæ**, peuvent avoir un pied et demi de hauteur sur une largeur égale. A la base sont les deux trous pratiqués dans l'intérieur du mur dont chacun contient un vase de terre cuite, *olla*, renfermant des cendres et des débris calcinés suivant la coutume des Romains. Un simple couvercle en terre cuite ferme le vase ou urne funéraire.

La niche elle-même se trouve fermée par une tablette de pierre ou en marbre, sur laquelle on lit les noms et les qualités du mort. A la voûte du colombaire, sont suspendues deux lampes en bronze à six ou sept becs. Elles étaient, dit-on, garnies de mèches en amiante afin de brûler toujours. J'allai ensuite visiter le colombaire des affranchis d'Octavie, femme de Néron, puis celui de Marcella, la fille de la sœur d'Auguste, construit l'an X de notre ère pour ses esclaves et ses affranchis. Ils ont tous le même genre d'architecture. Au milieu de l'un d'eux, trônent les cendres d'un chien. Cette petite bête, de son vivant, faisait les délices de sa maîtresse ; son épitaphe en fait foi : le mot *deliciæ* y est inscrit en toutes lettres ; c'est pourquoi cette matrone romaine n'a point voulu s'en séparer même après le trépas.

Ce spectacle de mort, où nulle pensée d'immortalité ne vient consoler l'âme, a quelque chose qui glace et qui fait mal. Quelle différence avec nos catacombes où tout parle d'espérance et de résurrection ! Aucune pierre sépulcrale n'indique la condition d'esclave ni celle d'affranchi comme dans les colombaires : il n'y a que des *alumni*, des élèves, des enfants adoptifs. Là, notre race est née et s'est allaitée du sang immortel ; là elle s'est formée à la lutte ; là elle a triomphé.

En méditant ces pensées, j'étais arrivée devant la petite porte toujours ouverte qui mène à ces précieuses nécropoles, si chères à tout cœur chrétien. Le désir me vint d'y descendre de nouveau. En quittant les souvenirs païens, on aime à se retremper dans ceux de notre sainte Religion.

J'entrai dans le jardin dont l'allée principale est bordée de fragments de marbre sculpté, et là je rencontrai le Père Trappiste chargé de guider les étrangers dans ces sombres labyrinthes. « Je voudrais visiter « encore les catacombes, lui dis-je. —Bien volontiers, me répond-il. » Et me donnant une petite bougie entourée d'un roseau, nous descendîmes dans les profondeurs de la terre.

Qu'on s'imagine de longs couloirs trop étroits pour la plupart pour qu'on puisse y marcher deux de front et s'embranchant les uns aux autres à angle droit, creusés dans le tuf résistant qui forme le sous-sol de Rome et de ses environs, de façon à présenter, dans un espace relativement restreint, un développement de plusieurs kilomètres, et on aura une idée des catacombes de Saint-Calixte, les plus vastes de toutes, car elles ont trois étages superposés. La hauteur moyenne de ces couloirs est d'environ quatre mètres. Dans leurs parois, à droite et à gauche, sont creusés ce qu'on appelle des *loculi*, c'est-à-dire des places où étaient déposés les corps des chrétiens. Ces *loculi* ressemblent à des tiroirs de commode dont le devant aurait été enlevé. Ils n'ont pas deux mètres de long. Le corps, enveloppé d'un suaire, était déposé dans ce tiroir horizontal, que l'on obstruait ensuite, soit avec de la maçonnerie, soit surtout avec une plaque de marbre, sur laquelle on inscrivait le nom, quelquefois la qualité du défunt, quelquefois même un souhait, un adieu. On a trouvé des inscriptions touchantes : « Douce Faustine, vis dans le Seigneur. » — « Que Dieu rafraîchisse ton âme ! » — « Prie pour ton époux ! » — « Prie pour ta sœur ! »

De loin en loin cessent ces tiroirs funèbres et symétriques, de loin en loin on se trouve en présence d'une espèce de niche arrondie et profonde, assez large pour qu'un corps humain soit étendu à sa base, et donnant abri à un sarcophage de pierre creusé dans le tuf, c'est l'*arcosolium*. Le Père me dit que cette petite arche indique que là a été déposé un martyr. Presque toujours, incrustée dans le tuf, à côté du corps, se trouvait une petite bouteille de verre, une fiole, une ampoule, dans lesquelles on avait enfermé de son sang. Il me montre des débris de ces ampoules qui sont encore attachés aux parois.

Nous continuons notre route à travers ces noirs et interminables corridors, dans ces profondeurs sinistres où saint Jérôme sentait la terreur du silence, et nous arrivons à une large salle appelée la crypte des Papes. C'est là qu'au premier siècle, on célébrait la Messe, sur les tombeaux des martyrs. Un étroit couloir nous conduit à la chapelle de sainte Cécile, où le corps de cette illustre vierge reposa si longtemps, inconnu de tous. En 817, Pascal Ier le retrouva intact, vêtu de vêtements de soie brodés et couché sur le côté. On transporta ce corps dans l'église du Transtévère, sans y toucher. On jeta dessus une gaze de soie, et on le déposa dans le maître-autel. Huit siècles plus tard, des travaux de restauration de l'église amenèrent encore à la lumière ce corps de martyre. Il était toujours intact. Un sculpteur de talent, Maderno, le reproduisit en marbre blanc, et grava sur le socle : « J'ai fait ce que j'ai vu. »

Les premiers chrétiens embellirent ces petites chapelles et ces *arcosoliums* de peintures à fresques naïves et charmantes, qui devaient donner à ces sombres réduits un aspect riant.

Ces peintures ont résisté, en beaucoup d'endroits, aux seize ou dix-sept siècles qui les ont frôlées sans les altérer. Je regarde avec bonheur des colombes qui volettent. Sur un fond blanc, encadré ou découpé par des baguettes jaunâtres, des guirlandes de verdure s'épanouissent. Ici la figure du Bon Pasteur, portant la brebis sur ses épaules. Là, un pêcheur jetant sa ligne, un autre retirant ses filets pleins de poissons, Noé poussant dans l'arche les animaux, le corbeau, la colombe. Plus loin, j'admire une peinture très curieuse, antérieure au IIIe siècle, c'est un poisson portant un panier rempli de gâteaux et une fiole pleine de vin rouge, naïf et touchant symbole de l'Eucharistie. Les catacombes de Saint-Calixte contiennent un nombre incalculable de ces fresques, remontant souvent aux Ier et IIe siècles, sans symétrie, souvent tracées à la hâte comme un mot d'ordre pour les soldats qui courent au combat, comme un langage mystérieux entre les martyrs, comme un signe de ralliement pour les chrétiens à venir.

Après avoir marché longtemps dans le précieux labyrinthe, je prévins mon guide, dont la robe blanche paraissait en parfaite harmonie avec ces funèbres lieux, que je voulais revoir la lumière du jour. Il acquiesça volontiers à mon désir, et me faisant monter par de vieilles marches usées par les pas des premiers chrétiens, je me retrouvais sur la *Via Appia*, emportant dans mon âme un ineffaçable souvenir de cette intéressante nécropole, qui est à la fois notre berceau, notre arsenal et notre champ de bataille, et de laquelle a surgi la montagne du Vatican portant dans le ciel la croix qui domine le monde.

Je passe devant le gigantesque mausolée de Cæcilia Métella, dont la masse imposante domine toute la campagne romaine. Il semble ne rester debout parmi tant de ruines que pour porter jusqu'au ciel l'éternel témoignage de notre néant. La seule gloire de cette femme de Crassus est d'avoir été l'aïeule de sainte Cécile, c'est pourquoi son nom demeure sur la terre et y vivra longtemps.

Je rencontre sur ma route la petite chapelle, en forme de rotonde, de Saint-Jean Porte-Latine. C'est là que l'Apôtre bien-aimé fut battu de verges, rasé par ignominie, puis jeté dans une chaudière d'huile bouillante. Comme ce sanctuaire est pieux, recueilli ! L'âme s'y dilate, en priant le disciple privilégié du Sauveur au lieu même où il a donné à son Dieu une preuve si éclatante de son amour.

Les religieux qui desservent l'église me montrèrent la place où était la chaudière dans laquelle le saint fut plongé. De belles peintures à fresques rappellent plusieurs traits de la vie de cet ami de Jésus. Un petit jardin, rempli de fleurs odorantes, entourait la chapelle : j'en cueillai une comme *Memento*.

O Rome, mère de vertu, mère de lumière et d'espérance, mère de toute douceur, de toute joie et de toute poésie ! ô Rome inspirée de Dieu pour combler de fortifiantes délices l'antique vide du cœur humain ; Rome, mon autre patrie, patrie éternelle de ceux qui croient, qui espèrent, qui aiment, Rome de Saint-Pierre et de Léon XIII, je te quitte avec larmes, mais j'emporte, en mon âme, ton image et ton souvenir !

GERBE D'ITALIE

NAPLES

SON GOLFE ET SES ENVIRONS

SORRENTE, POMPÉI, SALERNE ET AMALFI

E voyage d'Italie est merveilleusement gradué par la nature elle-même, pour nous initier peu à peu à cet incomparable pays et nous faire avancer d'enchantements en enchantements. J'étais venu par Cannes et Nice ; j'avais suivi cette admirable corniche découpée et sculptée dans le roc par cette grande artiste qu'on appelle la mer, visité Gênes et ses palais, Pise et sa célèbre tour qui penche sans tomber, comme sa gloire.

Rome enfin m'était apparue comme un vision sereine de l'Apocalypse, et, après en avoir joui à loisir, je me dirigeai vers Naples et son golfe incomparable.

Naples, c'est un autre climat, un autre ciel, presque un autre monde. On dirait que la nature s'est réservé le secret de ce séjour de délices ; Rome n'est pas encore le Midi, on en pressent les douceurs, mais son enchantement ne commence véritablement que sur le territoire de Naples. Ici, tout est printemps, tout est vivifié par le chaud soleil méridional. A peine débarqué sur les dalles volcaniques qui forment le pavé de Naples, c'est le Vésuve qui apparaît, c'est lui que l'on cherche. Sa forme est grandiose ; il domine, il force le regard à se fixer sur sa cime et sur le ciel ; il impose le respect.

Voici le port ; la mer s'avance avec fracas, les ondes viennent se briser en heurtant le sol. Plus loin, la campagne s'étale dans toute sa magnificence ; ce ne sont plus les arbres de nos climats battus par les vents et la pluie, c'est la fraîcheur et la douceur du souffle qui les ouvre en les caressant. Partout c'est la même efflorescence, depuis longtemps décrite, dans ce pays où le ciel lui-même est une fête. L'imagination des poètes, aussi bien que le pinceau des peintres, se sont souvent exercés sur ce sujet inépuisable, mais la nature se joue du pinceau des hommes : quand elle paraît avoir atteint sa plus grande beauté, elle sourit et s'embellit encore.

La personnalité de Naples est tellement absorbée par ses environs que c'est à peine, quand on n'y doit passer que quelques jours, si l'on se préoccupe de la ville en elle-même. Il y a cependant des monuments curieux à visiter, des églises remarquables à voir. Je commence par celle de *San Gennaro* (Saint-Janvier), qui s'élève noble et imposante, offrant au regard un édifice gothique dans le style français, avec de hautes tours et des voûtes en ogive. La beauté de l'intérieur répond à celle de l'extérieur.

J'admire surtout l'immense et luxueuse chapelle consacrée à saint Janvier, et dont l'autel possède la châsse contenant les deux fioles pleines de sang noir et coagulé du grand thaumaturge.

Cette châsse d'argent est enfermée dans un reliquaire magnifique, dont une clef est entre les mains du chapitre et une autre entre les mains des administrateurs laïques de la chapelle, de sorte qu'on n'y peut jamais toucher qu'avec le contrôle le plus sévère. Chaque année, le miracle de la liquéfaction du sang de saint Janvier se renouvelle trois fois pendant plusieurs jours de suite : le premier samedi de mai, dans la soirée ; le 19 septembre, et le 16 décembre, de 9 à 10 heures du matin. Ne me trouvant pas à l'une de ces dates, je n'ai pu assister à la touchante scène du miracle, très curieuse, paraît-il, par la fougue, l'expansion bruyante de ce peuple turbulent et enthousiaste, ne cessant de crier avec une ardeur et une intensité croissantes : « *San Genaro, fa miracolo!* » Et le saint exauce ces témoignages d'une foi naïve, profonde et sincère ; son sang devient complètement liquide. Aussitôt une clameur prodigieuse ébranle les voûtes ; une pluie de fleurs vient tomber sur le reliquaire, et la procession se met alors en marche pour transporter le précieux sang solennellement au grand autel.

— Il n'y a pas de ville au monde, qui ait pour son patron une affection pareille à celle de Naples pour saint Janvier. Aussi sa chapelle est-elle splendide. Des voûtes peintes à fresques par le Dominiquin ; sept autels et quarante-deux colonnes, entre lesquelles on voit les bustes colossaux, en argent, des saints protecteurs de la ville, et au milieu de toutes ces richesses, l'inscription suivante s'élève : « A SAINT JANVIER, CITOYEN, PATRON, ET « DÉFENSEUR, NAPLES SAUVÉE, PAR L'OPÉRATION MIRACU- « LEUSE DE SON SANG, DE LA FAMINE, DE LA GUERRE, DE LA « PESTE ET DU FEU DU VÉSUVE ! » Je visitai la crypte souterraine située sous l'abside. Cette chapelle, en marbre blanc, fut bâtie au XVe siècle, pour y recevoir le corps de saint Janvier. Elle renferme d'élégantes et gracieuses sculptures. J'admire, derrière l'autel, la belle statue du cardinal Caraffa, à genoux sur un prie-Dieu, qui est de Michel-Ange.

Je me rendis ensuite à la belle église de Saint-Dominique, que les voûtes élevées, les trois belles nefs, les riches peintures et les pieux souvenirs rendent une des plus intéressantes de Naples. Construite vers la fin du XIIIe siècle, elle a plus fidèlement conservé, que Sainte-Marie de Minerve à Rome, tous les caractères de cette époque.

On me fit vénérer le Christ qui parla à saint Thomas d'Aquin, et que l'on conserve avec soin dans une jolie chapelle dédiée à ce grand docteur. Le couvent renferme la cellule où il composa l'office du Saint-Sacrement.

Après avoir vu plusieurs autres églises, c'est vers le musée Bourbon que je dirigeai mes pas, afin d'avoir une idée des chefs-d'œuvre du monde ancien transportés de Pompéï, d'Herculanum, de Stabies, de Pœstum, etc., véritables fantômes du passé, qui nous apprennent ce qu'étaient, au point de vue artistique, ces villes fameuses si malheureusement disparues. La sculpture antique apparaît dans toute sa beauté : ces statues et ces groupes ont une majesté qui saisit. La statue d' « Hercule », de Glycon, est un prodige de l'art grec et nous présente le dernier effort du génie pour rendre l'idéal rêvé. Quelle admirable collection de héros, d'empereurs, de personnages célèbres ! Il faudrait des volumes pour peindre les splendides œuvres en marbre qui passent ainsi sous le regard. Plus loin, ce sont les peintures murales enlevées aux villes découvertes sous les cendres, des mosaïques, des bas-reliefs, des amphores, des camées, des bijoux. Les camées de l'ancienne collection Farnèse sont particulièrement précieux. Plus de quatre mille objets en verre, des vases peints, nous initient encore aux œuvres de l'antiquité.

Je pris plaisir à considérer ensuite celles de la Renaissance qui, par leur sentiment religieux, me reposèrent la vue de tout ce paganisme ressuscité. Plusieurs tableaux de l'école napolitaine s'y trouvent. Parmi les plus anciens, je remarquai une « Vierge au milieu des anges », de Thommaso de Stefani, datant du XIV° siècle ; « saint Jérôme ôtant une épine de la patte d'un lion », par Nicol'Antonio del Fiore, tout à fait dans la manière des anciens flamands, et d'une composition à la fois originale et naïve. A côté de l'école napolitaine, le musée Bourbon possède des œuvres de la plupart des maîtres italiens. J'y vis une fort belle « *Madona* et le *Bambino* », de Léonard de Vinci. Le Corrège, partout si rare et si recherché, est admirablement représenté par « Agar » et le « Mariage mystique de sainte Catherine », si connu et tant de fois copié.

Citons encore les noms du Pérugin, de Raphaël, de

Véronèse pour l'Italie, et de Claude Lorrain pour la France. En un mot, c'est un assemblage de beautés artistiques qu'il est difficile de décrire. Pour cela, il faudrait avoir eu le temps d'analyser ses impressions, la faculté de rester longtemps devant ces splendides créations du génie humain.

Mon rapide voyage ne m'a permis que d'effleurer un peu tous les sujets, car j'avais hâte de quitter Naples pour aller visiter son golfe enchanteur, vers lequel surtout je me sentais attirée. Rien n'est joli comme cette excursion. Partout des villages blancs semés comme des perles sur un fond de verdure sombre; partout la vue d'un golfe d'azur, qui ne se dérobe un moment que pour reparaître ensuite plus éblouissant encore. Partout des horizons qui ravissent les yeux.

Voici Portici, ses palais, ses brillants rivages couronnés par le cratère fumant du Vésuve et couvrant depuis dix-huit siècles les monuments et les ruines d'Herculanum. *Torre dell' Annunziata* et *Torre del Greco*, si souvent sillonnées par les laves brûlantes du volcan, et, comme le phénix, renaissant toujours de leurs cendres, surgissent à nos regards. Bientôt Castellamare apparaît, s'étageant sur la colline et baignant ses pieds dans la mer.

De Castellamare à Sorrente, serpente toujours le même chemin en corniche. Quel coup d'œil ! Des massifs d'oliviers argentés, de noirs fourrés d'orangers, et, perdues dans tout cela, ou suspendues on ne sait comment au rocher grisâtre, les blanches bourgades à toits plats de *San-Angelo*, de *Vico Equense* et de *Meta*, une succession charmante d'idylles ! La plus merveilleuse est encore Sorrente, la patrie du Tasse. Celle-là est tout un poème. C'est avec ravissement que j'entrai dans cette ville par sa grande rue pavée de laves.

En soi, Sorrente n'a rien de bien remarquable, mais en revanche son site est le plus délicieux, le plus suave, le plus pittoresque, le plus harmonieux qu'il y ait dans l'univers. Là, toute la côte est crénelée de roches noirâtres que la vague assiège et blanchit incessamment d'écume. Ces roches et ces montagnes forment, à l'extrémité de la baie si paisible et si riante de Naples, un haut promontoire dans la mer de Tyrrhène. Sur sa croupe est bâtie cette Sorrente, qui trouva son site si beau que, depuis trente siècles, elle n'a pas voulu en changer. De la cime de ce promontoire jusqu'au pied de la vague, des villas charmantes se détachent en blanc parmi les feuillages des orangers, des citronniers et dans les pampres des vignes.

Tout est serein, tout est calme, tout est bleu, et le flot et le ciel, autour de cette petite ville qu'on peut comparer, vue de la mer, à un nid de colombes. Ses brises sont embaumées du parfum des roses, aussi la nomme-t-on la tiède retraite des zéphyrs. Elle n'envie point à sa sœur puînée, à Naples-la-Belle, ni la musique de son théâtre, ni les chants de ses églises : le concert naturel de ses mille cascades et de ses sources murmurantes la berce nuit et jour, depuis trois mille ans, dans sa morne et éternelle félicité.

La pension anglaise où mes amies et moi avions pris gîte possède une terrasse surplombant la mer, d'où la vue embrasse un immense et splendide horizon.

J'y passais de longues heures qui me paraissaient

courtes, tellement j'étais ravie du tableau que j'avais sous les yeux : La fière *Napoli* apparaissait sur l'autre rive, dominée par sa chartreuse de *San Martino*, avec sa riche et verte colline du Pausilippe. Je jouissais de la belle et grande ville, non plus pièce à pièce comme la veille, non plus sous un seul aspect, comme à l'entrée du port, mais dans son immensité triomphale. Je m'attachais aux grandes lignes de sa structure, je contemplais ses monuments, jalons de son vaste champ. Je comptais ses clochers, ses bosquets, ses aiguilles, ses dômes et ses monts.

La mer, steppe d'azur que n'effleurait aucun vent, soulevait, du sein de son golfe, le *Castel del Ovo*, tandis que tout près de moi l'île de Capri, couchée comme une chèvre sur un lit flottant, semblait bondir encore. Du côté opposé, j'apercevais Résina et le Vésuve, le *Campo Santo* et ses tertres, puis au-dessus s'étageaient et s'allongeaient des montagnes lumineuses entre lesquelles s'ouvraient d'exquises vallées. La rude crinière de l'Apennin fermait le tableau par un cordon de glace.

Qui n'a pas vu tout cela, n'a pas assez admiré Dieu. Il suffit de contempler ces choses pour apprendre à l'aimer, pour deviner le ciel, pour apprécier la terre. Quand on a vu ces beautés, on peut oublier le monde, le monde est épuisé, il en faut un meilleur !

J'allais ensuite visiter les belles villas qui forment un riant cordon le long de la côte, et j'en distinguai une, d'architecture et de style moderne, qu'on me dit être celle où naquit le Tasse, le 11 mars 1544.

J'embrassai alors du regard cette côte paisible, enveloppée de silence et de rêve, que le crépuscule estompait d'une vaporeuse poésie, et je ne m'étonnai plus des inspirations du grand homme né dans un tel pays!

Je ne quittai qu'à regret la poétique Sorrente, et tout le long de la route, je continuai de jouir de l'incomparable panorama qui se déroulait autour de moi.

D'un côté, cette mer magique de la Méditerranée, dont les vagues ne battent point mais caressent avec amour des bords festonnés de ceps verdoyants, de cités opulentes, de villas embaumées, de palais de marbre, de couvents aux antiques murailles, de peupliers blancs qui se miraient dans cette eau bleue et polie. Plus loin, le cotonnier étalait sa fleur violacée, gage d'une riche récolte. Çà et là quelques agaves américains couronnaient de leurs dards acérés le sommet des murailles en ruines : les aloès, les palmiers aux larges feuilles, donnaient à diverses parties du paysage une physionomie des tropiques. Mais voici un changement de décor. Quelles vastes et magnifiques tombes éparses sur le bord du chemin ! comme elles s'harmonisent avec le calme qui règne dans ce paysage ! Je crois apercevoir une ville et pourtant je n'entends pas ces clameurs, ces éclats de voix bruyants qui annoncent ordinairement des cités de l'Italie méridionale. Quoi ? pas un paysan !... pas un mendiant, et nous sommes en Italie ?... C'est incroyable !...

Pourquoi ce banc de marbre si richement ciselé à la porte de la ville ?... Mais où sont donc les habitants ? Le pavé est si beau, on y voit tant de traces de roues et l'on n'entend pas le bruit d'un char. Des amphithéâtres, des portiques, des palais !... Est-ce donc un rêve... Non, c'est Pompéï, la cité des morts. Nous voulons la visiter.

C'est une impression faite plus encore de tristesse que de curiosité qui vous saisit en cheminant dans cette ville aux voies désertes, aux places silencieuses, aux maisons ouvertes et croulantes, qui dort, morne et solitaire, au pied du Vésuve fumant. C'est bien vraiment une ville incendiée que l'on contemple. Plus de toitures, les étages supérieurs et les plafonds ont disparu, tout ce qui était inflammable est en cendres ; on se promène partout sous la voûte d'azur. Je passai dans ces rues étroites avec la même sensation de respect que celle que j'aurais éprouvée en traversant une voie sépulcrale ; fleur de la tombe à l'aigrette de vapeur formée par le Vésuve. Pompéï recèle en elle-même l'antiquité qui s'y repose. En visitant ces habitations pompéïennes, je me reportais par l'imagination, à dix-huit siècles en arrière, et, chose curieuse, il me sembla jouir de la vie antique en marchant parmi ces vestiges du passé.

Je me dirigeai vers l'intérieur de Pompéï par une rue montante, et j'arrivai à l'emplacement du *Forum*. Et d'un coup d'œil je pus embrasser les ruines de ces monuments qui, en l'entourant, le rendent si imposant. C'est d'abord le temple de Vénus, le temple de Mercure, la salle du Sénat, le Panthéon, et enfin cet immense temple de Jupiter qui occupe tout un côté du *Forum*. Je cheminai rêveusement dans ces rues bordées de maisons dont les fenêtres sont absentes, et dont les portes ont pour toute façade des murs nus. Ces boutiques dépouillées ont jadis connu de beaux jours ; çà et là quelques vieilles enseignes témoignent de la profession exercée ; ainsi un serpent indique une pharmacie, des amphores un marchand de vin, et une chèvre en terre cuite annonce une laiterie. J'entrai dans une boulangerie où je vis un four qui contenait encore des pains intacts mais noircis par les siècles et un peu... rassis. Je frissonnai malgré moi en passant devant cette maison de Diomède, dans les souterrains de laquelle on trouva dix-sept cadavres qui avaient cru fuir la mort en descendant là. Vaine précaution ! une fine poussière glissa dans les moindres fentes, épaissit l'atmosphère et la rendit meurtrière : ils périrent tous.

Il reste encore à peu près les deux tiers de Pompéï à découvrir. C'est une étrange vision que de contempler les murs au sortir de la terre avec leurs peintures encore fraîches ; les objets d'art, jusqu'aux ustensiles de ménage, dévoilent quelque point des mœurs, des coutumes d'autrefois.

L'on a peine à se persuader, en méditant sur ces terribles accidents, effets de violentes éruptions, que ce soit ce même Vésuve à l'aspect sévère qui ait pu les produire. A la veille des révolutions qui devaient la bouleverser de fond en comble, l'heureuse Campanie était calme, riante, toute livrée au luxe et au plaisir. Le souffle léger du ciel passait, comme un soupir, dans son climat incomparable ; l'existence y était douce, la vie trop facile ; un jour suffit pour changer la prospérité matérielle de toute une contrée en une ruine complète. Les maisons à moitié écroulées, cette apparence si étrange, est tout ce qui reste d'une ville jadis riante et riche. Immense tombeau, il n'y manque plus que cette épitaphe : « *Ci-gît Pompéï !* »

Mais à côté, une résurrection s'opère ! Auprès de ce grand tombeau païen, dans une vallée qui était à peine habitée au commencement de ce siècle, s'élève une belle église dédiée à Notre-Dame du Rosaire, et cette église est devenue le centre d'une petite ville très chrétienne qui compte près de trois mille âmes. De cet heureux sanctuaire de Pompéï, se répandent sur l'Italie des trésors de grâce ; les pécheurs y sont convertis, les malades guéris, et la dévotion du Rosaire, comme une guirlande mystique, enlace et retient dans ses liens embaumés tous ceux qui, de près ou de loin, s'adressent à la Vierge de Pompéï.

La Valle di Pompéï située au midi du Vésuve, arrosée de deux fleuves, riche en cultures de tout genre, présente un aspect très agréable et forme le cadre le plus riant à la vieille cité déserte et à son amphithéâtre en ruines. Les pauvres habitants disséminés dans les environs, étaient grossiers, à peu près sauvages, dépourvus de toute espèce d'instruction et d'idées religieuses.

Le 13 février de l'année 1876, un avocat, M. Bartolo Longo, exposa à la vénération des pauvres paysans un vieux tableau de Notre-Dame du Rosaire, pour encourager ces habitants de la vallée à réciter le chapelet tous les soirs. Le 30 avril de la même année, Monseigneur l'évêque de Nole, la comtesse de Fusco et l'avocat Bartolo Longo, s'étant réunis, achetèrent le terrain pour bâtir ici une église qui pût suffire aux paysans de Pompéï. Le 8 mai 1887, ce monument, formé des marbres les plus rares de Carrare, orné de statues de bronze, d'or et de pierreries, était inauguré solennellement.

Le premier autel dédié à Marie sur la terre païenne de Pompéï fut consacré en ce même jour par un des plus éminents princes de l'Eglise, le cardinal Monaco de la Valetta, qui couronna l'image prodigieuse avec un diadème composé de diamants et de saphirs, témoignage d'autant de prodiges de sa toute-puissance.

Les faveurs célestes et les grâces que la Reine du très saint Rosaire ne cesse de répandre en ce lieu attirent de nombreux pèlerins non seulement de toute l'Italie, mais encore de pays fort lointains. Cette Vierge miséricordieuse voulait établir son trône sur les ruines de la cité païenne, et ressusciter Pompéï pour en faire une ville privilégiée où naîtrait un peuple nouveau particulièrement cher à son cœur et dévoué à son culte. Pour cette œuvre merveilleuse, elle se servit du Rosaire et du Tiers-Ordre dominicain, ces deux fruits de son amour, ces deux parts de son cœur.

Je pus m'en convaincre en visitant l'église. Devant le trône de cette bonne Mère, quinze lampes perpétuelles, emblèmes de la foi ardente des âmes fidèles au Rosaire, y brûlent nuit et jour. Et les orphelines, élevées sous la protection de la Reine du ciel par les Tertiaires, sont aussi au nombre de quinze, pour exprimer (en rappelant les quinze mystères du Rosaire), l'amour que l'on porte à Marie et à l'humanité souffrante dans cet endroit privilégié.

A l'ombre bénie du sanctuaire, déjà s'élève tout ce qui forme la civilisation d'un peuple : deux salles d'asile, un ouvroir, une école préparatoire aux arts et métiers, un atelier typographique et de reliure. A côté de ces ateliers, il y a un bureau de poste, un bureau de télégraphe, une gare de chemin de fer, où tous les trains s'arrêtent, ce qui rend aisées les communications de Valle di Pompéï avec le reste du monde.

On a inauguré récemment une grande place et une route large et droite qui conduit de la gare à l'église. Au commencement de cette route a été posée une colonne milliaire, de beau marbre, sur le style pompéïen antique, portant le nom et le but de cette route dans l'inscription : *Via sacra*.

Nous disons adieu à la nouvelle Pompéï, la Pompéï chrétienne, si bien placée en face de la Pompéï païenne, la Pompéï du Rosaire de Marie, pour nous rendre à Salerne. Nous passons à Nocera, puis on entre dans l'Eden des paysagistes et tout devient encore plus magique dans ce pays enchanté. A gauche, le noir Vésuve exhale une fumée lente, plus loin les cimes bleuâtres de l'Apennin teignent et terminent l'horizon, tandis que dans les plans intermédiaires, des monticules verdoyants, couronnés de tours en ruines, semblent posés par la main du Poussin pour fournir aux peintres une suite sans cesse renaissante de paysages délicieux.

Un écu écartelé de gueules, sur fond d'azur à trois fleurs de lis, sculpté sur le marbre, nous annonce que nous quittons la province du Labour, pour entrer dans la principauté de Salerne. Voici d'abord *La Cava*. C'est une petite ville charmante. La parfaite régularité de ses portiques, ses maisons étagées sur la côte, la propreté de l'habitant, tout concourt à faire de cette modeste cité l'une des plus agréables résidences du royaume. Le monastère de La Cava possède une des plus riches bibliothèques de l'Italie.

Enfin le soir, Salerne se montre à nous avec ses mille lumières que la mer reflète de concert avec les étoiles, ce qui produit un féerique coup d'œil. Le lendemain, nous visitons cette vieille ville hippocratique de Robert Guiscard, dont l'école était célèbre par toute l'Europe. Elle est bien déchue maintenant, mais elle conserve l'avantage d'être située au débouché des routes de la Campanie, non loin de Pæstum et des ruines de son temple de Neptune si bien conservées. Ses rues montantes et étroites n'ont rien de remarquable. La Cathédrale est assez jolie et possède le corps de saint Mathieu, que nous avons vénéré.

A midi, nos petit chevaux calabrais nous emportaient avec la rapidité de l'éclair sur la route d'Amalfi. Nous suivons les bords séduisants du golfe de Salerne qui rivalise de beauté avec celui de Naples. Quelle délicieuse route ! Les plus riants villages cachés au milieu de la verdure ou posés comme un nid au sommet d'un gracieux mamelon, passent devant mes yeux. Des bois d'orangers étalent leurs fleurs et leurs fruits sous les rayons d'un soleil de feu et sous un ciel plein de transparence. J'aperçois Viétri qui s'élève en amphithéâtre sur une colline et s'étend jusqu'à la mer, puis Atrani avec le singulier bariolage de ses clochers et sa position romantique au milieu des roches du promontoire.

Amalfi se présente bientôt dans son site enchanteur et pittoresque.

L'Athènes du moyen âge et la rivale de Venise par l'étendue de son commerce n'est aujourd'hui qu'un modeste village ; trois barques de pêcheurs, des filets, plusieurs maisons d'une assez triste apparence, placées toutefois dans la position la plus pittoresque, voilà tout ce qui reste aujourd'hui d'Amalfi.

Deux rochers qui surplombent, défendent la ville des vents du nord et donnent à cet ensemble un caractère si particulier qu'il ne saurait être rendu que par le pinceau.

La Cathédrale est la seule trace de magnificence qui reste de l'ancienne Amalfi. Sa construction est des plus originales. Bâti sur l'emplacement d'un temple païen, cet édifice, fort élevé au-dessus du niveau de la grande place sur laquelle il est situé, ne m'étonna pas moins par la multitude des petites colonnes d'ordre varié et de couleurs diverses qui soutiennent son portail, que par la bizarrerie de son clocher, chargé de bandes noires et blanches. Mais il possède un trésor qui vaut mieux que toutes les richesses de l'art : dans un superbe tombeau repose le corps de l'apôtre saint André. C'est le cardinal Pierre de Capoue qui, après la prise de Constantinople par les Français, l'apporta en Italie et le déposa dans la Cathédrale d'Amalfi.

Nous visitons, sur la montagne, un cloître dont l'architecture à ogives pleines et entrelacées nous parut d'un style remarquable, et dont la terrasse couverte de vignes en berceaux regarde la mer. C'est l'ancien couvent des *Cappucini* dont on a fait un hôtel. J'admire les beautés ravissantes du paysage, les bois de myrtes et d'oliviers, les grottes, les ruines qui m'entourent ; le délicieux soir descend sur nous, le crépuscule commence à la fois limpide et indécis, enveloppant dans son voile de lueurs lumineuses le golfe bleu et les blanches villas. Sous ce ciel, qui rappelle celui du merveilleux Orient, la poésie de la lumière et la poésie de l'ombre sont superbes. Le jour a des éclats triomphants, le soir des sérénités timides.

La lune, demi-disque brillant, montait lentement, et sa lumière enveloppait la terre comme une caresse. La mer, mollement agitée, bruissait doucement en se brisant sur le rivage ; la crête de chaque vague s'illuminait aux rayons lunaires et son écume semblait d'argent. Et cette immense paix de la nature se communiquait à mon âme et l'élevait tout naturellement vers l'Auteur de tant de merveilles.

Pour compléter le charme, quelques musiciens ambulants chantaient au loin de ravissantes mélodies italiennes avec accompagnement de guitare et de mandoline, où il me sembla reconnaître l'air de *Santa Lucia* et de la *Regina*. Belle soirée d'Amalfi, pourrais-je t'oublier jamais !

Je ne revis Naples que pour lui dire adieu. Je voulus errer encore une fois sur les rives du golfe où l'œil cherche instinctivement les sirènes antiques. J'entrevis de loin Ischia et Procida, ces îles volcaniques aux noms harmonieux, puis, curieuse de voir Naples sous toutes ses faces, je revins par le quai de *Santa Lucia* où fourmille la population napolitaine. Quelle loquacité ! quels yeux brillants ! quels poumons robustes ! quelle mimique expressive ! On ne parle pas, on crie, c'est un bruit infernal ; la vie déborde, les Napolitains courent, vont, viennent et semblent la personnification du bonheur, si toutefois le bonheur peut exister sur la terre. Les mendiants y pullulent, comme les insectes, et y montrent la même ténacité. Les cuisines ou *trattoria* en plein vent, les marchands de tomates, de friture, d'eau glacée, cette multitude bariolée circulant sur les dalles humides et grasses couvertes de débris de toutes sortes, atteint le dernier degré du fouillis et de l'animation pittoresque et donne une idée de la vie fiévreuse, plus fiévreuse qu'active, qui anime les rues de Naples.

Le lendemain matin, je quittai *Napoli* pour retourner à Rome. Ce fut d'abord le château *del Ovo* qui s'éloigna comme un ami déjà connu et aimé ; le Vésuve m'apparut longtemps encore, son panache blanchâtre s'élançait dans les airs comme un dernier adieu. J'entrevis Caserte, le Versailles de l'Italie, vraiment royal avec son parc immense, ses jets d'eau, ses bassins et ses cascades étagées sur un parcours d'une demi-lieue. Plus loin, entre Naples et Rome, la petite ville de *San Germano,* m'apparut riante au bas des cimes sourcilleuses où s'isole le superbe couvent du Mont Cassin. Ce monastère produit un effet grandiose, au faîte de cette montagne élevée... Admirable économie des instituts religieux, qui font leur nid partout où la nature est éloquente, les plus beaux sites leur appartiennent, partout ils prennent les hauts lieux comme faisaient les sacrificateurs pour immoler la victime. N'est-ce point une attraction mystérieuse entre le sol et celui qui l'habite ? Une affinité secrète relie à la belle nature les âmes qui en sont le plus pur ornement. Elles demandent à la terre de se spiritualiser dans ses points les plus sublimes, et de ces points elles chantent leur hymne au Créateur.

Saint Benoît avait bien choisi l'endroit qui convenait

à sa grande abbaye, qui s'élève pittoresque et sévère comme une relique du moyen âge, comme une évocation de ce passé. Je la saluai de loin, regrettant de ne pouvoir monter dans sa lumière et sa sérénité, mais le train fuyait rapidement, me laissant à peine entrevoir *Aquino* avec la vision du grand docteur angélique, saint Thomas d'Aquin, qui y prit naissance, Agnani aux souvenirs historiques, le pays des Volsques, les Monts Albains.

J'entrais dans la campagne romaine, et ce fut avec bonheur que je contemplai les ruines de ces immenses aqueducs qui serpentent sur le flanc des coteaux, traversent les montagnes dans de longues galeries, descendent au fond des vallées pour remonter sur de hautes collines où ils amenaient autrefois des eaux de sources fort éloignées, et j'admirai le génie des Romains qui ont construit ces gigantesques monuments que les siècles n'ont pu détruire.

Tout à coup le train s'arrête… « *Roma, Roma* » crient les employés. J'étais arrivée… La Ville Éternelle me reçut encore dans ses bras, et après avoir prié de nouveau sur la tombe des saints Apôtres, je me livrai aux hasards d'une nouvelle route et partis pour Sienne et Florence, afin de rentrer en France par le nord de l'Italie.

SIENNE

E trajet assez long de Rome à Sienne s'égayait de temps en temps par un panorama gracieux. Dans ce pays où l'histoire est, pour ainsi dire, écrite à chaque pas, le lac de Trasimène m'apporta, dans une douce brise, la pensée d'Annibal et de Flaminius ; il passa lui aussi avec son eau vaporeuse d'une beauté d'opale, rapide comme une vision, pour me laisser contempler les charmantes petites bourgades de Chiusi, d'Arezzo. A l'horizon, j'aperçois les montagnes rosées de l'Ombrie, ce coin du monde qui vit éclore le rêve d'art et de piété, le plus touchant, le plus amoureusement mystique et humain à la fois, le « *Poverello* d'Assise » et le Pérugin ; leur souvenir efface vite dans mon imagination celui d'Annibal et de Flaminius.

J'admire les vallées qui présentent une riche culture, les grands ruisseaux qui promènent leurs eaux sous de beaux ombrages, les oliviers au feuillage d'argent couvrent le versant des coteaux. Des châteaux anciens, des fermes d'une architecture élégante, animent le paysage ; et, à mesure qu'on avance sur cette route toute festonnée de vignes, la nature devient plus riante encore ; on dirait les bruits lointains d'un concert dont on saisit de plus en plus les accords.

Bientôt la ville apparaît, la gracieuse silhouette des campaniles se détache çà et là sur un ciel d'une clarté lumineuse, et Sienne, couronnée de ses antiques tourelles, semble dominer en souveraine les grandes plaines qui l'entourent. Ses poètes se sont plu à la décrire : « Assise sur sa montagne, baignée dans une « lumière sereine, avec des mœurs douces et polies, « des fils chevaleresques et braves, des filles fières de « leur beauté, Sienne est une ville privilégiée qui a « gardé fidèlement son cachet du moyen âge. » La Renaissance classique, qui transforma toute l'Italie, a respecté ses tours de briques ; ses palais et ses églises demeurent tels que les fit le XIV° siècle.

Aussi avec quel intérêt je contemplai ses vieilles murailles, ses portes qui gardent leur nom d'autrefois et les images de la Vierge que les magistrats y placèrent jadis pour remercier Marie d'avoir protégé leur ville, et qui sont demeurées intactes.

Tout dans ce pays vous parle grâce et douceur ; la langue italienne y est plus mélodieuse qu'ailleurs, le climat plus délicieux, l'air d'une pureté plus grande : on comprend que le génie de l'homme a dû s'épanouir sous ce beau ciel et que l'art y ait produit bien des merveilles.

Sienne est surtout une ville poétique où tout s'harmonise avec le souvenir de sainte Catherine ; ses remparts et ses monuments sont des contemporains qui parlent d'elle, et l'imagination s'y retrace facilement toutes les scènes de sa vie. Son enceinte, dévastée par la peste dont elle fut l'ange consolateur, ne présente pas l'agitation de nos cités modernes. Au lieu de ce mouvement fébrile du luxe et du commerce, on y rencontre une paix vivante qu'on ne voudrait jamais quitter!

Isolée sur un rocher tapissé de verdure, s'élève l'église de Saint-Dominique, plus remarquable par son aspect pittoresque que par son architecture. Pendant plus de trente ans, le pied de Catherine de Sienne foula chaque jour le pavé de ce sanctuaire, sur lequel je fus heureuse de m'agenouiller et de prier. Dans la chapelle du Tiers-Ordre, j'aperçus le portrait de la Bienheureuse, fait de son vivant par son disciple André Vanni. Elle est représentée debout, tenant de la main gauche un lis, et touchant de la main droite les lèvres d'une jeune fille agenouillée devant elle. Le costume religieux dont est revêtu le buste de la sainte ne laisse apercevoir que son visage, qui rayonne d'une majesté mystérieuse. Il est impossible de rendre l'émotion qu'on éprouve en présence de cette auguste relique, les obscurités de la mort disparaissent, et le cœur contemple avec amour ce front toujours calme et joyeux, ces yeux qu'éclairait l'extase, ces traits qu'animait la charité, ces lèvres d'où s'échappaient comme d'une source inépuisable ces paroles qui convertissaient les âmes.

Cette tête précieuse est renfermée dans un reliquaire

dont les clefs sont entre les mains du gonfalonier de la ville et du prieur du couvent. Elle n'est exposée que deux fois par an seulement à la vénération publique et placée sur un des autels de l'église de *San Domenico*, qui possède aussi l'un de ses doigts. De belles peintures ornent les murs de cette chapelle, elles rappellent plusieurs traits de la vie de Catherine, ses extases, ses défaillances, ses stigmates, œuvre du Sodoma, et qui a fait sa gloire.

Je cherchai ensuite la demeure de la Bienheureuse parmi ces rues onduleuses, ces curieuses *costarelles* (petites côtes), qui sont un des cachets particuliers de Sienne, et descendant du côté de la célèbre fontaine de *Fontebranda*, chantée dans les pages immortelles du Dante, j'arrivai devant une maison appelée *la Fullonica*. Au-dessus de la porte, se lit en lettres d'or cette inscription : « *Sponsæ Christi Caterinæ Domus* ; c'est la maison de Catherine, épouse du Christ. »

Je fus ravie de cette découverte, car c'est la jouissance que mon cœur réclamait. J'entrai avec un pieux respect dans la demeure de Jacques Benincasa, père de la Bienheureuse. C'est maintenant un des plus vénérés sanctuaires de la cité, et la piété des habitants a veillé avec un soin jaloux sur les lieux jadis consacrés par la présence de leur glorieuse compatriote. Au rez-de-chaussée, on me montra l'atelier du teinturier, puis l'escalier que la sainte enfant montait à genoux en récitant à chaque marche la Salutation angélique, puis la cuisine où elle se livrait aux humbles soins du ménage, la chambre où, dès son vivant, on célébrait la messe, — c'était un privilège qu'elle avait obtenu du

Souverain Pontife à l'époque de son voyage d'Avignon ; — on y voit, dans des reliquaires, l'extrémité du bâton qui la soutenait lorsque, malgré ses souffrances, elle allait où l'appelait l'amour de Dieu et du prochain, et la petite lanterne qui l'éclairait dans ses veilles charitables.

En face de l'autel, à droite en entrant, se trouve le lieu le plus riche de son souvenir, c'est l'humble petite cellule où Dieu se plut à orner Catherine de tant de vertus ; ces murs ont été témoins de ses prières, de ses pénitences et de ses extases ; c'est là que Notre-Seigneur, la sainte Vierge et les saints venaient s'entretenir avec elle ; c'est là que furent célébrées ses royales fiançailles. O sanctuaire où la présence de Catherine se fait si particulièrement sentir, comment raconter votre paix mystérieuse et vos douces inspirations ?

Cette cellule, qui n'a pas cinq mètres de long sur trois de large, est éclairée par une petite fenêtre, au bas de laquelle on voit encore un reste de maçonnerie. C'est là, dit-on, qu'elle reposait sa tête pendant son sommeil ; on me montre la place de son lit, qui était de planches, et l'oreiller, formé d'un morceau de bois. Le marbre n'a pas heureusement recouvert les murs de ce sanctuaire ; c'est le même sol qu'ont foulé ses pas, et les lèvres du pèlerin peuvent en vénérer la poussière ; je le fis avec attendrissement.

Dans la partie supérieure de la maison, on voit encore les chambres qu'occupait la famille, celle de son frère Etienne entre autres, où son père aperçut une colombe se reposer sur la tête de Catherine. Derrière l'autel d'une chapelle, est la cheminée où la

Bienheureuse préparait les repas de ses parents, à l'époque des persécutions qu'elle eut à souffrir.

Je quittai avec peine cette maison bénie dont la piété a conservé et vénère les moindres vestiges, pour visiter la ville que Catherine a illustrée par sa sainteté.

Sienne, quoique déchue de sa splendeur d'autrefois, est restée tout un monde ; dans cet écrin de figure bizarre — car tout à Sienne est original, — se sont conservés des joyaux d'art admirables. Elle a pour centre la *Piazza del Campo* d'où rayonnent les rues principales.

En forme de coquille renversée, cette place est entourée d'édifices publics, exclusivement guelfes, dont le plus remarquable est le *Palazzo Publico*.

Ce palais majestueux, est l'expression fidèle, dans ses moindres détails, des idées politiques et sociales qui dominaient alors dans la libre cité. Des fresques allégoriques décorent la salle d'honneur ou *Sala della Pace*, et représentent la République de Sienne faisant régner la paix autour d'elle et prête néanmoins pour la guerre.

Le *palazzo* possède aussi une chapelle érigée à l'occasion de la terrible peste de 1348, et où l'on disait chaque jour la messe pour le peuple des halles et du marché. A côté de cette chapelle, s'élève la *Tour del Mangia*, si ravissante, que Léonard de Vinci vint à Sienne uniquement pour contempler ce joyau d'architecture.

Sur la grande cloche de la tour, est gravé l'*Ave Maria*. Autrefois, près de la cloche, un automate armé d'un marteau sonnait les heures. Cet automate, appelé par les habitants *Il mangia*, a donné son nom à la tour elle-même.

L'aspect du Campo de Sienne offre un de ces spectacles qu'on n'oublie plus quand une fois on les a contemplés. Que de souvenirs, en effet, attachés à ce *forum* où les fiers citoyens de Sienne luttaient si ardemment, il y a cinq siècles, pour les antiques libertés de leur République ! Que de traditions revivent dans les vieilles murailles de ce majestueux *palazzo* dont le gracieux campanile, perdu dans le bleu du ciel, lance au loin, le matin, à midi et le soir, comme au temps de sainte Catherine, les tintements de l'*Angelus* pour inviter le peuple à la prière !

Et cette jolie fontaine *Gaja* (fontaine gaie), destinée un jour à donner son nom au sculpteur qui en cisela les bas-reliefs, et dont le génie immortalisa les œuvres charitables de la Bienheureuse, pourrait-on l'oublier ? Elle est si délicatement encadrée d'un baldaquin de marbre qu'elle contribue pour une grande part à l'embellissement de la *Piazza del Campo* !

Je montai ensuite à la cathédrale ou *Duomo*. Elle est placée sur une des trois collines qui servent d'assises à la ville et la couronne magnifiquement. C'est une des plus splendides de l'Italie, elle remonte au XIIIe siècle. Ses murs incrustés de marbre blanc et noir, sa coupole hexagone la plus admirable qu'on connaisse, sa voûte bleue parsemée d'étoiles d'or, ses superbes vitraux du XVIe siècle, ses bustes pontificaux depuis saint Pierre jusqu'à Alexandre III, ont de quoi satisfaire l'intelligente curiosité de l'artiste et le cœur du chrétien. La chaire, chef-d'œuvre de Nicolas de Pise, est celle où prêcha saint Dominique quand il vint à Sienne et où, d'après la légende, la Vierge, debout à ses côtés, inspira son discours.

Vis-à-vis la cathédrale, se trouve l'hôpital de la *Scala*, un des plus beaux établissements de Sienne que j'allai visiter en souvenir de la chère sainte qui venait si souvent y soigner les malades. On montre le réduit obscur où elle se retirait la nuit pour prendre un peu de sommeil.

Si du sacré je passe au profane, l'antique *Siena* possède aussi des œuvres importantes dignes d'être citées. Outre ces hauts palais, ces fontaines ornées de statues, ces églises remarquables, elle a aussi un musée, un petit musée provincial qui fut surtout composé de peintures enlevées à des églises et à des couvents. Mais il offre le rare intérêt d'enfermer des tableaux d'une seule école et par suite de donner cette forte impression d'unité dans un même idéal, qui est aussi la souveraine poésie des cathédrales.

Ce qui frappe le plus dans cette galerie, c'est le torse de Jésus lié à la colonne, fresque du Sodoma. Ce buste, modelé avec une merveilleuse science d'anatomie, palpite d'une douleur qui pense. Ce qui s'exhale par la bouche ouverte du visage, par les yeux où flotte une ivresse, c'est la volupté mortelle du martyre, et cela impressionne étrangement.

La *Libreria* du Dôme mérite aussi d'être mentionnée pour les admirables fresques du Pinturicchio, si vives, si jeunes après quatre cents ans, représentant dix scènes de la vie du pape Pie II, de la famille des Piccolomini. C'est d'une fraîcheur de coloris, d'une suavité d'expression qui fait reconnaître un peintre de cette divine école d'Ombrie qui a eu le don inexprimable du pathétique dans la grâce, du mysticisme dans la sérénité, de la mélancolie dans la joie contenue et sanctifiée.

Je revins à la gare par la charmante promenade de la *Liza*, aux buissons couverts de roses, aux arbres verdoyants, aux fontaines jaillissantes, l'esprit et le cœur rempli de celle qui a été la plus grande gloire de cette ville et dont le souvenir domine tous les autres. Reine de son siècle par l'ascendant de sa vertu, Catherine partagea, comme saint Bernard, la gloire de tenir entre ses mains les destinées de l'Europe et celles de l'Eglise.

Les hommes passent, les monuments demeurent ; témoins solennels des siècles écoulés, ils nous redisent parmi les ruines entassées auprès de leurs vieux murs, les choses qui ne meurent pas : la flamme du génie, le dévouement du patriotisme, l'héroïsme des saints.

Voilà ce qu'on rencontre à Sienne !

FLORENCE

'approche de la ville des Médicis s'annonce par les parfums dont l'air est imprégné.

Derrière la nappe d'eau bleuâtre de l'Arno, j'aperçois une tour dont l'ombre s'étend en vêtements funèbres sur un demi-cercle d'édifices. C'est le campanile de Giotto, la joie et l'orgueil des Florentins. Le campanile est isolé ; ses vêtements de marbre grisâtre et poli comme du cristal, ne peuvent être contemplés au soleil ; l'œil risquerait d'être ébloui. Rien n'égale sa légèreté et sa grâce. On rapporte que Charles V, ravi d'admiration, aurait dit en le voyant : « Ce campanile mériterait d'être caché sous une enveloppe et d'être montré rarement. » Mais les Florentins en sont trop fiers pour le dérober aux regards. Je les en félicite, car j'aurais été privée de voir cet éblouissant clocher que Giotto cisela comme un pilier des cieux !

La cathédrale, comme sous le nom de *Santa Maria del Fiore*, est séparée du campanile. Je m'arrête frappée de surprise devant la souveraine beauté de la coupole. Merveilleuse hardiesse du génie humain, elle étonne par sa prodigieuse vigueur. On n'y voit, en effet, aucun support qui vienne en contre-balancer l'élan et qui serve à empêcher qu'elle ne s'écroule sous son propre poids. Son cachet étrange est augmenté par sa vive blancheur et l'ingénieuse conception de l'artiste qui l'éleva ; voulant lui donner une forme plus svelte, un coup d'œil plus élancé, il imagina de la faire double et arriva ainsi à cette exquise création dont chaque détail est un chef-d'œuvre et chaque objet signé par un grand nom.

Ozanam a eu raison de dire que l'incomparable dôme est gigantesque comme une montagne sortie de la main de Dieu et travaillé avec la délicatesse d'une fleur qui sort aussi de la main de Dieu.

L'extérieur de la cathédrale, incrusté de marbres de différentes couleurs formant des dessins gothiques, encadre, dans un doux rayon, de gracieuses statues reproduisant la Madone dans plusieurs des mystères de sa vie.

A l'intérieur, elle est plus large que celle de Saint-Pierre de Rome mais bien moins ornée. Rien de froid comme l'ensemble de cette église : les peintures sont nuageuses et confuses ; les vitraux, peu nombreux, ne donnent pas assez de lumière à cette majestueuse cathédrale, qui a la forme d'une croix latine dont la partie principale a trois nefs. Chaque nef est divisée en quatre arcades ; puis les deux bras contiennent chacun cinq chapelles rectangulaires dont les voûtes ont le cintre relevé et sont semblables à celles des autres nefs.

Çà et là des monuments funèbres rappellent la mémoire de quelques grands hommes, tandis que plusieurs bas-reliefs de Donatello et différentes statues y ramènent un peu de vie.

Dans cette patrie des arts, on va de chef-d'œuvre en chef-d'œuvre, d'église en église ; j'admirai plus encore les anciens souvenirs que les choses modernisées ; je fus donc heureuse de voir le célèbre baptistère, avec ses portes d'airain connues du monde entier. Elevée sous l'invocation de Saint-Jean-Baptiste, l'opinion la plus commune attribue la construction de cette basilique à Théodelinde, reine des Lombards ; jusqu'en 1128 elle servit de Cathédrale, et, à partir de cette époque, elle fut transformée en baptistère. L'intérieur avec ses belles mosaïques, ses remarquables statues, ses riches peintures, pâlit comparé aux incomparables sculptures des portes, dont l'une est d'André Pisano et les deux autres de Ghiberti. Ghiberti mit, dit-on, un demi-siècle à faire son œuvre, mais elle est si parfaite qu'on est tenté de s'agenouiller devant les vingt-huit compartiments de cette seconde porte, tant est grande la foi qu'ils respirent. Quelle âme et quel sentiment du beau possédait cet artiste pour faire passer ainsi la vie dans ces plaques de bronze qui représentent les sublimes scènes de la Passion de Jésus-Christ avec ses mystérieuses douleurs.

La troisième et dernière porte mériterait, au témoignage de Michel-Ange, d'être appelée la porte du ciel.

Tous les artistes admirent avec enthousiasme cette œuvre miraculeuse sans égale.

C'est aux premiers récits de la Genèse que Ghiberti a puisé son inspiration et demandé le secret de composer une œuvre immortelle. Sur la corniche, se trouvent trois statues en marbre, vraiment belles ; elles représentent le Précurseur baptisant Jésus-Christ et un ange qui assiste au baptême. La pose de cet ange est remarquable par sa grande expression de piété.

En quittant le baptistère, je me laissai aller au charme de l'imprévu, en marchant à l'aventure parmi les rues de cette grande ville éclairées par la plus douce lumière, enveloppées d'une atmosphère suave, ornées de riches et sombres palais crénelés. Ces anciennes demeures aux constructions massives, simples et sévères, apparaissent comme les murs d'antiques citadelles et donnent à Florence cette physionomie caractéristique qui ne se retrouve nulle part ailleurs. Ces étranges résidences n'ont rien de moderne : faites d'énormes pierres noircies par le temps, avec leurs créneaux dominant les habitations différentes de style et d'époque, c'est l'image d'un temps qui n'est plus.

J'éprouvai un vif plaisir à parcourir cette cité calme et tranquille, nonchalamment assise sur les bords de l'Arno ; il y règne, comme dans presque toutes les villes d'Italie, un silence lugubre semblable à celui des tombeaux ou des Lieux-Saints. On peut y rêver librement à sa gloire passée, à cette illustre pléiade d'hommes de génie et de saints du XIIIe au XVIe siècle, qui lui ont mérité d'être appelée l'Athènes de l'Italie.

O Florence, que tu dus être fière de tes fils quand tu

les vis ainsi courir à l'immortalité ! Avec Fra Angelico, tu fus une vision ; avec Raphaël, une harmonie divine ; avec Léonard de Vinci et André del Sarto, une réalité admirable presque surhumaine ; avec Michel-Ange un poème héroïque.

En songeant ainsi, j'arrivai devant l'église de Sainte-Croix (*Santa Croce*), demeure de la mort où ces grands hommes tombés avec leur siècle, reposent sous des mausolées admirables. On se perd véritablement dans ce dédale de tombes illustres, œuvres d'artistes éminents ; elles sont dignes de recouvrir les Dante, les Galilée, les Alfieri, les Machiavel, les Michel-Ange et tant d'autres.

Que décrire dans ce glorieux champ de repos ?... Ne vaut-il pas mieux se taire devant cette beauté surhumaine de la mort et laisser à sa douce et terrible majesté le soin d'impressionner par elle-même ?

Je continuai ma course, c'était déjà le plein printemps. A chaque tournant de rue, on était rencontré par ces envolées d'odeurs de bouquets si particulières en Italie où les fleurs embaument.

Sous ce ciel soyeux et si clair, les monuments du moyen âge et de la Renaissance si nombreux à Florence prennent des teintes dorées qui les rajeunissent et leur donnent un cachet inimitable.

Me voici sur une place très originale, décorée de deux obélisques antiques et d'une église du plus pur gothique allemand. C'est *Santa Maria Novella*. J'aurai fait son éloge en disant que Michel-Ange l'appelait « sa belle fiancée ».

Bâtie par les mains pures et dévouées de deux dominicains, ce temple est un des plus élégants de Florence. Il possède deux trésors : la « Madone », de Cimabué, et le « Crucifix » de Brunelleschi. La Madone est un type gracieux et suave ; le Crucifix, une merveille.

De là, je suis bientôt à la basilique de *San Lorenzo*. Elle compte parmi les beautés de Florence autant par la magnificence de sa décoration que par la grandeur de ses souvenirs ; les yeux aiment à s'égarer sur ces chapiteaux et ces colonnes qui se dressent avec un goût parfait, et, malgré soi, on pense à cette lointaine époque des Médicis dont les richesses ont rémunéré les artistes qui furent chargés de la construction de cette superbe église.

Au milieu de toutes ces chapelles savamment décorées, à côté des œuvres de Donatello, de Nasini, de Fiorentino, on salue avec bonheur l'immense génie de Michel-Ange qui s'est révélé si fécond dans la chapelle sépulcrale élevée à la gloire de ses protecteurs. Non content de se distinguer dans ce qui touche à l'architecture même de ce lieu auguste, il l'orna de deux mausolées splendides. Celui de Julien de Médicis est remarquable par les deux statues du Jour et de la Nuit. Le Jour est plein de vie, ce marbre se meut et vit dans la lumière. La Nuit dort : « Elle est vivante, dit le poète ; si tu en doutes, éveille-là, elle te parlera. »

Celui de Laurent de Médicis le représente sur son tombeau, entre les statues de l'Aurore et du Crépuscule. Le grand duc, le casque en tête, est assis, paraît absorbé dans ses pensées, et, en le contemplant, on parle bas, on se tait, dans la crainte de le distraire.

Lorsqu'on a contemplé ces beautés sombres et tristes,

on a besoin de diversion. Je me fis conduire au jardin public de Florence, le jardin Boboli.

Les splendeurs de l'art préparent à celles de la nature. Elles s'unissent ici pour produire une de ces exquises créations qui plaît au goût le plus délicat. Tout s'y trouve réuni : fontaines monumentales, admirables statues, vertes collines d'où l'on jouit d'une vue remarquable sur la ville et sur l'Arno.

J'admirai entre toutes, une avenue magnifique et délicieuse à la fois, qui conduit au bassin que l'on appelle l'*Isoletto*. Bordée de cyprès d'une grande élévation, de distance en distance des statues apparaissent, tandis que des allées couvertes y aboutissent également. La brise glissait dans les pins ses notes douces et fugitives ; les eaux qui là ne se taisent jamais, chantaient leur éternel murmure, dans les vasques superbes où se mêlent leurs ondes argentées ; les oiseaux emplissaient l'air d'harmonie, c'était idéal !...

Le palais Pitti fait suite au jardin Boboli. L'architecture en est grandiose. Il renferme les joyaux de l'art. Ce ne sont que galeries de tableaux qui se succèdent. Chaque siècle y apporta un nouveau surcroît de splendeur. Le chef-d'œuvre de cette riche demeure est sans contredit la « Vierge à la chaise », de Raphaël. On ne peut rien voir de mieux dessiné et de plus parfait comme expression. La tête de la Vierge est souriante, spirituelle, d'une beauté inimitable. En la regardant, on se sent ravi : il n'y a vraiment rien à désirer.

Que de choses splendides je contemplai dans cette

courte visite ! Raphaël, Léonard de Vinci, Michel-Ange, *Andrea del Sarto*, Fra Angelico, et tant d'autres brillent d'un radieux éclat dans cette longue collection qui compte plus de cinq cents tableaux. Le palais Pitti communique, par un pont qui traverse l'Arno, à la célèbre galerie des Ufizzi. Ce sont des jours entiers qu'il faudrait y passer pour se rendre compte de tous les trésors de peinture, de sculpture qu'elle renferme ; l'art y apparaît sous toutes les formes. Les statues, les bronzes, les tableaux, les marbres, les médailles, les poteries étrusques du moyen âge, tout semble s'être donné rendez-vous ici, pour faire de ce palais un musée à part et comme la galerie de toutes les œuvres du génie humain.

« Les musées, dit spirituellement un auteur, sont mélangés comme le monde : chacun peut y choisir des amis selon son cœur. « Les miens sont ceux que j'ai rencontrés dans la merveilleuse tribune des Ufizzi. Cette petite salle octogone, avec sa coupole toute ruisselante d'arabesques en nacre de perle, ses hautes fenêtres dont la lumière tamisée par de grands rideaux paraît égale et douce, dut à ces embellissements l'honneur d'être choisie pour rassembler les chefs-d'œuvre des chefs-d'œuvre. Des modèles de sculpture antique, tels que l'« Apollon », le « Faune », les « Lutteurs » etc., sont les miracles du genre. Parmi les tableaux, mes préférés ont été le « Christ couronné d'épines » de Leyde ; le « Charles-Quint » de Van Dyck ; les toiles ravissantes de la « Vierge au Chardonneret », de « Saint-Jean dans le désert », le portrait de Jules II, de Raphaël. Ce grand artiste y donne la mesure de son génie. Il est phénoménal qu'au bout de trois siècles, ces peintures aient conservé une telle vivacité de coloris. Cette vigueur étonnante, jointe à cette finesse, à cette délicatesse de dessin et de forme, produisent un effet qu'on ne peut rendre. J'admire aussi la « Madone et le *Bambino* », de Paul Véronèse, composition vraiment touchante dans son ensemble.

Le magnifique rétable de Fra Angelico attire également mon attention. La Vierge est sur un fond d'or, couverte d'un manteau bleu brodé d'or ; elle tient debout sur ses genoux l'Enfant-Jésus. Dans l'épaisseur de l'encadrement, douze anges, jouant de différents instruments, sont d'une grâce et d'une pureté ravissantes.

J'emportai de ma visite à cette célèbre collection des Ufizzi une impression ineffaçable. Et maintenant j'aime à retrouver éparses ces précieuses sensations, fleurant un vieil arome indéfini parmi les préoccupations vaines de ce monde, mélancolie savoureuse des joies passées...

Quand je quittai cette galerie qui traverse une grande partie de Florence, je me trouvai devant le *Palazzo Vecchio* (vieux palais). Sa façade noire et austère, sa tour singulière et caractéristique, son architecture hardie, sont en harmonie parfaite avec le souvenir des conspirations et des crimes qui en sont inséparables.

En face de l'entrée du Vieux palais, sur la place de la Seigneurie, ornée d'une jolie fontaine, j'aperçois la *Loggia dei Lanzi* (la loge des Lanciers), œuvre remarquable d'Orcagna dont Michel-Ange disait : « Il est impossible de faire mieux ! »

Le *Palazzo Vecchio*, c'est Florence aristocratique et tyrannique ; la *Loggia dei Lanzi*, c'est la ville artiste et passionnée pour tout ce qui est grand et beau. Nulle part ailleurs on ne trouve réunies autant de merveilleuses créations en pleine rue. Là sont exposées les œuvres les plus précieuses de la sculpture : l' « Enlèvement des Sabines », « Ajax mourant », le « Persée » en bronze, etc., c'est par là même, un monument unique en Italie. Il était d'abord destiné à la convocation du peuple ; et c'était de là qu'on le haranguait. Aujourd'hui la galerie des Lanciers offre un curieux spectacle : sous ces arcades élégantes et grandioses, les *Facchini* de Florence causent et rient, se disputent et dorment au milieu du peuple de statues qui les décorent.

J'arrive devant la vieille église carrée de Saint-Michel qui me transporte à des époques reculées, et me dirige ensuite vers le couvent de Saint-Marc. Il fut jadis le plus beau et le plus riche couvent de l'Italie. Propriété des Dominicains, il fut malheureusement supprimé par la loi du 7 juillet 1866 visant les ordres religieux de ce pays et fut déclaré monument national en l'honneur des œuvres d'art qu'il renfermait.

Que de souvenirs encore vivants se pressent ici ! C'est là qu'ont vécu les Fra Angelico de Fiesole, saint Antonin, Savonarole, Fra Bartolomeo. Avec quel bonheur je visitai leurs cellules qui gardent encore de nombreuses fresques dues à la piété et au talent des maîtres dominicains. Partout on y respire ce parfum de rare mérite artistique dont les murs mêmes du couvent semblent être imprégnés. Rangées sur deux rangs, ces cellules sont petites, éclairées d'une étroite fenêtre cintrée ; mais chacune d'elles possède une richesse incomparable : Fra Angelico a peint, sur ces murs froids et blancs, d'inimitables fresques. C'était pour lui-même une prière et pour ses frères une prédication continuelle. Les compositions de cet angélique religieux sont comme de grandes aquarelles, un peu pâles çà et là, mais d'une délicatesse extrême. Les pures et douces figures respirent avec une quiétude muette, comme les roses immaculées dans les jardins du Paradis. Un admirable juge en fait d'artiste, Michel-Ange, avait coutume de dire : « Il faut que ce moine ait visité le ciel et qu'il lui ait été permis d'y choisir ses modèles. » Que de grands hommes ont habité sous ce même toit qui m'abrita quelques instants ! Mais parmi ces illustres oubliés, j'aime à le redire, nul ne fut plus célèbre que Fra Angelico, qui avait l'âme aussi douce que sa palette avait de charmes et son pinceau d'attirances.

Pieux et modestes, les sujets qu'il traite appartiennent à un ordre surnaturel, il est le peintre spiritualiste par excellence. « Ce qu'il sait peindre, dit M. Taine, ce qu'il a répété partout, ce sont des visions, les visions d'une âme innocente et bienheureuse. » Et c'est le caractère que je retrouve dans cette magnifique peinture qui orne la salle du chapitre représentant la scène du Calvaire, et qui est le chef-d'œuvre par excellence du Bienheureux. Cette fresque a toutes les qualités de la grande peinture monumentale ; l'exécution en est simple et large, la couleur douce et pleine de lumière. Au réfectoire, j'admire une fresque délicieuse de Sogliani représentant saint Dominique à table avec les frères de son ordre, tous servis par des anges.

La bibliothèque est une des plus belles qui puissent exister. C'est encore un de ces souvenirs du passé que l'on est heureux de rencontrer sur sa route !

Après avoir visité la gracieuse église de *Santa Maria de l'Annunziata*, où se trouve la pieuse image de la Vierge, peinte, dit-on, par les anges, et la fresque de l'Assomption, un des plus importants ouvrages du Pérugin, je montai à Fiesole, la patrie de Fra Angelico, pour admirer les belles lignes de l'horizon. Comme il est animé le cercle de campagnes qui se dessine si harmonieusement autour de Florence ! Mon regard plonge au bas sur la cité, la plaine fertile, les hauteurs de *San Miniato*, et sur les sinuosités de l'Arno. Il s'arrête ravi et contemple ! Çà et là l'œil rencontre quelques ruines, mais ces ruines n'ont pas la triste couleur de celles qui gisent près de Rome ; la mort ne les a pas touchées, elles ne sont que d'hier !

Adieu *bella Firenze*, ville aux massifs palais, aux maisons enveloppées de silence et de rêve, aux jardins odorants, au ciel si lumineux, je te quitte pour Bologne, la cité savante et curieuse, mais je pars enivrée de tes charmes, de cette grâce native dont tu portes l'empreinte, de ce je ne sais quoi d'élégant, de sympathique qui est chez toi le cachet des hommes et des choses et te fait donner avec raison, ô ville des arts, le nom si poétique de « ville des fleurs » !

BOLOGNE ET PADOUE

A voie ferrée de Florence à Bologne tourne et retourne à travers les plaines fertiles de la Toscane, couvertes çà et là de nombreux oliviers ; on s'accoutume vite à leur feuillage pâle et double que le moindre vent fait jouer comme une sombre moire. Cette contrée nouvelle, très doucement mélancolique. sur laquelle descendaient les exquises tranquillités du soir, avait pour moi beaucoup d'attraits.

Bologne ne tarde point à paraître avec ses deux tours penchées, les clochers de ses nombreuses églises, et les dômes de ses édifices publics. Je m'empresse de la visiter.

Suivant mon usage, je commence par errer au hasard à travers la ville, pour en saisir la physionomie d'ensemble, et je tombe du premier coup sur la *Piazza maggiore*, le vieux forum bolonais. Cette grande et bizarre place, pleine de mouvement et de boutiques, avec sa belle fontaine, chef-d'œuvre de Jean de Bologne, ses *facchini* qui jouent en criant, ses arcades qui s'interrompent, son vieux palais qui se noircit, son immense église de San Petronio, aux imposants souvenirs, présente un coup d'œil plein d'intérêt et tout à fait italien.

On se promène à l'aise sous ces hautes galeries et dans ces larges rues bordées d'arcades. Je m'y trouvais le soir, et par le clair de lune il me semblait marcher sans fin dans les bas-côtés d'une église gothique dont la voûte est le ciel ; le silence aidait à l'illusion et les lanternes allumées devant les Madones brillaient comme les lampes d'une chapelle.

De même qu'à Rome, dans les quartiers les plus prosaïques, la poésie du passé reparaît. Au détour d'une rue moderne, on aperçoit la basilique de San Petronio, qui est une des plus vastes et des plus grandes du monde. La hauteur de ses voûtes étonne le regard, et permet à l'imagination de se représenter l'effet définitif, car elle n'est pas encore terminée. Les portes de cette église sont célèbres dans l'histoire de l'art par leur riche encadrement de sculptures.

En flânant aux alentours de Saint-Pétrone, je suis entrée tout à coup dans un monument fort original. C'est une cour à arcades et à portiques, avec galerie supérieure, dont les murs et les plafonds mêmes sont entièrement tapissés des armoiries de toutes les nations, entre lesquelles s'encadrent les tombeaux des professeurs. Cet ensemble, très compliqué, de peintures à fresques, de grisailles, de bas-reliefs, d'inscriptions, de plaques funèbres, produit l'effet le plus bizarre et le plus surprenant. Je me trouvais dans l'ancienne

Université, une des plus célèbres du monde, qui rappelle les savants de tout genre et les nobles personnages, élèves et maîtres, qui l'ont illustrée. La bibliothèque possède quatre-vingt mille volumes, dit-on.

Au détour d'une rue, je me trouvai en face des deux fameuses tours penchées qui dominent la ville : elles s'inclinent l'une vers l'autre depuis des siècles comme pour se saluer. Elles sont en briques et de forme carrée. La plus haute et la plus menue des deux, la tour des *Asinelli*, ressemble à un cierge pascal qui a perdu son centre de gravité ; sa sœur, la *Garizenda*, n'a que quarante-huit mètres d'élévation. Ces tours sont l'inévitable objet des récits et de l'admiration des voyageurs. J'avoue que, pour ma part, elles m'ont beaucoup intéressée. Ce qui les rend l'une et l'autre fort curieuses, je dirais presque effrayantes, c'est leur inclinaison. La première surplombe de 3 pieds et demi ; la seconde, huit pieds, deux pouces. Elles sont ainsi depuis un temps immémorial, et l'on n'a jamais pu résoudre la question de savoir à quoi attribuer l'inclinaison extraordinaire de ces deux monuments.

Bologne, la belle, savante et religieuse cité, garde les restes de saint Dominique dans un tombeau splendide, œuvre du génie, de la foi et de l'art. J'y venais surtout pour vénérer les cendres de ce grand saint, l'un des plus illustres de l'Eglise, d'un saint que le Dante appelle « le plus ardent amant de la foi », qui fut l'adversaire formidable de l'hérésie et le propagateur de la plus suave des dévotions, celle du Saint-Rosaire.

Je cherchais donc parmi les innombrables rues de cette grande ville, l'église qui les renferme. Je la rencontrai enfin. Elle s'élève sur une place ornée de colonnes et de tombeaux, qui sent son moyen âge à ravir, et dispose admirablement l'esprit aux impressions que ce grand nom réveille. Saint Dominique mourut dans le couvent voisin qu'il avait fondé lui-même, il est enterré dans cette église où la vieille et la jeune école bolonaise ont lutté par la brosse et par le pinceau, pour chanter les louanges du serviteur de Dieu. Je restai en contemplation devant ce merveilleux tombeau de marbre blanc, tout brodé de bas-reliefs, chef-d'œuvre de Nicolas de Pise. Il est rayonnant de gloire et de majesté, digne de l'illustre rejeton des Gusman qu'il possède.

Après avoir prié longuement ce grand saint, gloire de l'ordre des Frères Prêcheurs, je me rendis à l'église *del Corpus Domini* ou *della Santa* qui appartient au couvent des Clarisses.

La terre que l'on foule ici est une terre sainte, foulée il y a quatre cents ans par une noble vierge de Bologne, car là était sa demeure. Toutes les voûtes de ce cloître ont vu ses larmes et ses souffrances ; les murailles de ces petites cellules ont entendu sa voix ; elles restent embaumées du parfum de ses prières et de ses vertus.

J'entrai dans une petite chapelle ronde, entièrement tendue de velours rouge cramoisi, relevé d'or et de broderies. Au milieu est un trône surmonté d'un baldaquin dont la grâce égale la richesse.

Sainte Catherine de Bologne est assise sur ce trône, le visage découvert ; les mains également découvertes reposent sur les genoux, et les pieds se voient au travers du cristal, le reste du corps est revêtu des habits religieux de l'ordre de Sainte-Claire ; les bras ont encore une flexibilité qui permet de les soulever, mais la carnation générale est noirâtre, excepté à la partie inférieure de la joue droite, où elle est d'une blancheur éclatante. C'est la place sur laquelle la sainte mérita de recevoir un baiser de l'Enfant-Jésus pendant une nuit de Noël. Voici comment elle obtint cette faveur : Catherine, de l'illustre famille des Vigri de Ferrare née à Bologne l'an 1413, entra chez les Clarisses de cette ville, âgée seulement de quatorze ans.

Elle pratiqua dès lors les plus hautes vertus ; rien n'égalait son obéissance, son humilité, sa générosité au service du divin Maître. Aussi se rendit-elle bientôt digne des visions et des apparitions célestes.

Elle avait obtenu de passer la nuit entière de Noël auprès du saint Tabernacle, et résolut en l'honneur de la Vierge Marie, de dire mille fois l'*Ave Maria*. A quatre heures du matin, la Mère de Dieu se présenta à elle portant entre ses bras l'Enfant-Jésus. La sainte Vierge parla alors à Catherine fort longuement, dit l'historien, et lui offrit son Fils pour l'embrasser et le caresser. Et après avoir joui longtemps de ce bonheur, ce trésor du ciel s'évanouit. Mais auparavant l'Enfant divin lui donna un dernier baiser. L'endroit que touchèrent les lèvres du saint Enfant garda durant toute sa vie et même après sa mort la marque d'une admirable blancheur.

Chaque année, du 9 au 16 mars, les fidèles ont libre accès auprès du précieux corps, et tous s'empressent de venir dévotement lui baiser le pied droit. J'arrivais justement pendant cette neuvaine, et la foule était si grande, que je ne défilai qu'avec peine à la suite d'une multitude de personnes. Je pus à mon tour regarder cette merveille de la grâce et lui baiser le pied.

Elle impressionne étrangement, paraissant assise sur un fauteuil, mais ne s'appuyant véritablement que sur le pied droit, avec le voile sur la tête et son livre de règle entre les mains. C'est une morte qui semble vivante. Il y a aujourd'hui plus de quatre siècles que ce miracle dure encore, et il fait l'étonnement et l'admiration de tous ceux qui le contemplent. Pie IX est venu à Bologne pour vénérer la *Santa* et lui rendre hommage.

J'allai voir ensuite une église unique en son genre, c'est celle de Saint-Etienne, qui forme un dédale inextricable, un enchevêtrement d'églises semblant sortir les unes des autres, comme d'une boîte à surprises. Elle n'a l'air de rien ; c'est à peine si l'on aperçoit la façade ; le reste se dérobe au regard, et rien n'indique la vaste étendue de cette étrange agglomération. On entre dans le premier édifice, d'un intérêt médiocre, et au moment où le visiteur va sortir, croyant avoir tout vu, il découvre une porte latérale, descend quelques marches et se trouve dans une église plus grande, qui elle-même communique par un couloir à une troisième. De là, on passe dans un cloître sur lequel s'ouvrent des églises nouvelles, dont chacune à son tour donne naissance à une autre. Je me suis égarée plusieurs fois dans ce labyrinthe de corridors, de galeries, de souterrains, véritable musée d'antiquités chrétiennes, où l'on voit le puits miraculeux de saint Pétrone, la mesure de la taille du Christ, le modèle de l'*atrium* de Pilate, etc... De là, je me rends au musée de Bologne qui possède la « Sainte Cécile » de Raphaël, l'un des tableaux les plus complètement beaux qui soient au monde. La sainte est réellement sainte, on ne se lasse pas de l'expression parfaite avec laquelle elle entend le concert des anges, et brise, en les laissant tomber, les instruments de la musique terrestre. On fait station devant cette page du grand artiste.

Je ne veux pas quitter Bologne, sans visiter son magnifique *Campo Santo*, qui peut rivaliser avec ceux de Gênes et de Rome. C'est une nécropole de marbre, blanche, souriante, sereine, où le visiteur se promène à travers les statues de Vela, de Bartolini et de Canova, et où l'on aurait envie de prendre tout de suite une concession à perpétuité. Rien de triste, rien qui assombrisse la pensée ; des fleurs à profusion, des arbustes que le soleil dore et dont les rayons glissent dans les fines cannelures des tombeaux comme pour les caresser, des oiseaux qui chantent, des lucioles qui brûlent, font de ce cimetière un vestibule du paradis.

Bologne est aussi la ville des portiques! Non contents d'en tapisser leur ville, les Bolonais en ont bordé leurs routes, et une double haie d'arcades accouplées, se prolonge pendant plus d'une lieue, en suivant toutes les ondulations du terrain jusqu'à *San Luca*, que j'aperçois de loin pittoresquement juchée sur sa colline. Les pèlerins y vont à couvert vénérer une de ces images byzantines de la Vierge que la tradition attribue à saint Luc, et la sainte image peut venir en procession jusqu'à Bologne protégée contre les intempéries des saisons.

Je dis adieu à l'intéressante cité bolonaise pour aller faire mon pèlerinage au tombeau de saint Antoine de Padoue. Le pays que je traverse est riant malgré sa monotonie. Le ciel est gris, mais animé par des nuances azurées avec échappées sur un fond pâle et pur qui semble pénétré du froid de l'hiver. On sent qu'on avance dans le Nord de l'Italie.

La ville de Padoue est située dans une plaine agréable et fertile, sur le Bacchiglione qui s'y partage en deux bras et qui ajoute encore au charme de sa situation par la beauté de ses rives.

Je l'avoue cependant, sa physionomie moitié antique moitié moderne ne prévient pas de suite en sa faveur. Les rues, en général peu larges, mal pavées, passablement tortueuses, bordées d'arcades sombres et basses, lui donnent l'aspect morose d'un grand cloître. C'est un de ces lieux dont l'abord est maussade, mais dont les charmes secrets se révèlent peu à peu à celui qui les cherche et le rendent extrêmement intéressant. Si l'antiquité y laissa peu de traces, par contre le moyen âge ressuscite à chaque pas que l'on fait. Nulle ville d'Italie ne porte une empreinte plus frappante de ces anciennes cités décrites par le Dante; elle est parsemée de palais et de sanctuaires nombreux dont le plus merveilleux est celui de Saint-Antoine. L'Italie a vraiment le monopole de ces brillantes constructions qui, créées pour servir au culte divin, chantent déjà dans leur radieuse beauté la gloire du souverain Maître.

Et comme à Padoue on a pour la mémoire de saint Antoine, mort en cette ville en 1231, un amour, une confiance qui va jusqu'à l'enthousiame, on a fait un temple digne de celui qu'on voulait honorer.

Bâti en 1265, par le célèbre architecte Nicolas de Pise, qui chercha à imiter Sainte-Sophie de Constantinople et y réussit en partie, il compte au premier rang parmi les sanctuaires les plus riches et les plus vénérés de l'Italie. Son style gothique, de la meilleure époque et du plus pur goût, révèle cependant une influence byzantine et offre, comme l'église de Sainte-Justine, avec ses sept coupoles élancées et son magnifique dôme à l'orientale, le curieux et imposant spectacle d'un temple arabe.

Mais l'intérieur est splendide ; il présente un véritable musée d'architecture, de sculpture et de peinture, avec ses nombreuses statues, ses bas-reliefs de Donatello, ses fresques immortelles de Giotto, ses bronzes, ses marbres, ses colonnes, ses quatre orgues, et il atteste aux yeux de tous la réunion de tous les arts pour glorifier sur la terre l'humble saint dont le ciel couronne les vertus.

Sa chapelle et son tombeau attirèrent de suite mon attention aussi bien que mon cœur. Sur un autel tout revêtu de marbre avec de magnifiques sculptures, reposent les précieuses reliques du saint.

C'est là qu'à toutes les heures du jour une foule de pèlerins se pressent, touchent avec une vénération profonde la plaque de marbre qui recouvre le tombeau et contemplent avec une muette imploration ces béquilles, ces *ex-voto* sans nombre, témoignages d'une ardente reconnaissance.

Je ne puis passer sous silence la naïveté pleine de foi

de ces admirables bas-reliefs en marbre, dont les légendes de saint Antoine font le sujet. Ils sont l'œuvre de Sansovino, c'est tout dire ! Ce saint est à lui seul un monde ; son âme est vaste comme l'océan. En vérité cette figure est à peine de la terre.

Mille fois son souvenir a inspiré le génie, animé le pinceau des artistes. L'Italie, féconde en miracles d'art, est remplie de chefs-d'œuvre qui le glorifient.

C'est qu'il fut artiste lui-même et une âme éprise du beau. C'est que dans toute son œuvre puissante, évidemment divine, auprès de l'amour coulant à pleins bords, l'intelligence projette sa grande et douce lumière, l'art s'envole, mystique apparition, à la fois humaine et céleste, avec chaque parole sortie des lèvres du séraphique *San Antonio!*

Après lui avoir rendu mes hommages pieux, je me dirigeai vers l'église de Sainte-Justine que je trouvai moderne et nue dans son aspect, mais elle est gardienne de la « Vierge et de l'Enfant-Jésus » peints par saint Luc, précieux joyaux qui sont si remarquables qu'on devrait aller à Padoue quand ce ne serait que pour les contempler !

Je revins à la gare par le *Prato delle Valle*, île charmante plantée d'arbres et communiquant avec la ville par plusieurs ponts d'une élégante structure. Tout à l'entour s'élèvent. sur leurs piédestaux, soixante-quatorze statues de célèbres Padouans, car Padoue, ville savante, professe le culte des grands hommes, des siens surtout !

Le *Prato delle Valle* fut le dernier souvenir de mon court séjour dans la vieille cité. — Ce qui contribuera toujours à faire de cette ville un lieu de passage, c'est l'impatience d'arriver à Venise. A 8 heures de distance, l'irrésistible aimant agit avec une telle force qu'il finit bien vite par vous entraîner.

Encore un regard, encore une pensée à la basilique de *San Antonio,* et Padoue disparaissait dans le lointain que j'y songeais encore.

« BELLA VENEZIA »

nfin, j'allais donc voir cette superbe *Venezia*, la fleur de l'Adriatique ! Les rêveries qu'elle m'inspirait m'étaient mille fois plus précieuses que les beautés du paysage, et doucement bercée par la locomotive, je me laissais envahir par le charme étrange que l'on ressent à l'approche de l'inconnu.

La soirée était admirable, les étoiles s'allumaient dans l'infini, la lune planait majestueusement au-dessus de nous, une forte odeur de mer m'arrivait portée par la brise ; Venise approchait, car il me semblait que nous glissions sur l'eau au moyen de quelque mode merveilleux de navigation.

Je regarde à la portière, la terre avait disparu, le train filait sur le pont immense dont les deux cent vingt-deux arches enjambent la lagune ; la mer nous environnait de toutes parts. Au loin, j'aperçois une lumière qui tremblote, puis dix, puis cent, puis des milliers de lueurs qui apparaissent vacillantes, s'éteignent pour se rallumer tout à coup sur la nappe liquide qu'elles colorent sans l'éclairer. C'est le commencement de la féerie. Bientôt le sifflet de la vapeur retentit; « *Venezia!* » crient les employés. O bonheur, nous étions arrivés!

Je me précipite hors de la gare, pressée de prendre possession de mon rêve ; mais une surprise m'attend : point d'omnibus dans l'étrange cité, ce sont des gondoles qui se balancent sur les rives du Grand Canal et attendent le voyageur. Une nuée de bateliers m'assourdissent de leurs cris : *Barca Signora, San Marco,* la *Luna,* l'*Europa, Bello, Rivagio,* etc. Je ne sais auquel donner la préférence, tous veulent s'emparer de ma pauvre personne. Enfin je me décide pour *San Marco.* Le gondolier, ravi d'être choisi, me fait descendre avec mille précautions dans sa barque dont il prend soin d'arranger les coussins et les draperies pour la plus grande commodité de *Sua Excellenza.* C'est avec cette formule révérencieuse et exagérée de la langue italienne que les gondoliers de Venise traitent leurs clients tant qu'ils n'ont pas à se plaindre de leur munificence, dit-on. Une fois installée, j'examine mon omnibus aquatique : c'est une barque étroite, peinte en noir, ce qui lui donne un air assez funèbre, dont les deux bouts se relèvent à la façon des patins et dont la proue est arrondie en col de cygne. Au centre se trouve une sorte de caisse, percée de vitres et garnie de coussins de velours noir, d'où l'on peut tout voir sans être vu et qui forme un petit appartement clos et confortable.

Les deux rameurs se tiennent debout, l'un à l'avant, l'autre à l'arrière. Après cinq minutes de manœuvres, la gondole parvient à franchir la cohue qui s'agite autour d'elle et s'engage dans le Grand Canal.

Rien de plus mélancoliquement beau que cette promenade nocturne à travers Venise immobile et silencieuse. C'est d'un charme idéal. Nous passions entre deux rangs de palais qui baignent leur pied dans ces mornes profondeurs. Une des rives du canal plongée dans l'obscurité découpait dans le ciel ses grandes dentelles mauresques plus sombres que les portes de l'enfer ; l'autre rive recevait le reflet de la pleine lune, large et blanche comme un bouclier d'argent. Cette file immense de constructions étranges, que n'éclairait pas d'autre lumière que celle des astres, avait un aspect vraiment féerique ; je considérais vaguement ces hauts édifices dont la façade, gothique ou renaissance, émergeait tout à coup de l'ombre comme une apparition éblouissante, pour s'effacer et s'évanouir aussitôt.

Chaque coup d'aviron me mettait en face d'un nouveau fantôme. Je n'avais encore rien vu d'égal, et pendant que la gondole s'avançait d'un mouvement cadencé et tranquille, je me sentais ravie à moi-même, j'oubliais d'où je venais et où j'allais, je croyais être le jouet d'un rêve. A l'approche des ponts, les gondoliers s'avertissent par certains cris rauques qui effrayent un peu. *Rialto*, entendis-je tout à coup, et, penchant la tête, je regardai ce pont fameux dont l'arche noire découpait sur l'horizon sa lourde silhouette. A peine entrevu, le *Rialto* disparaît ; la gondole vient de quitter le Grand Canal pour s'engager dans les *traghetti*, qui sont les ruelles aquatiques de Venise. Des centaines de petits canaux, à physionomie presque lugubre, se croisent, s'enchevêtrent autour de nous, se glissent le long des maisons et s'enfoncent dans des profondeurs sinistres. Il semble que de ces fenêtres il va tomber tout à l'heure un cadavre dans les flots qui se refermeront sur lui pour toujours. Cette obscurité est peuplée de spectres. On la sent pleine de menaces et de mystères. Je me prends à éprouver je ne sais quelle peur enfantine et mystérieuse comme si un accident imprévu, inexplicable allait arriver. Soudain un merveilleux décor, inondé de lueurs féeriques, jaillit des flots, sous mes yeux éblouis. Le dernier coup d'aviron des bateliers venait de nous porter en face de la *Piazetta*.

Les lanternes du rivage éclairaient de leurs reflets bleuâtres des centaines de gondoles et de bruyants gondoliers; la foule allait et venait sur le môle, d'un mouvement onduleux, entre les deux colonnes de granit qui en marquent l'entrée ; et la grande masse du palais ducal, dominée par la silhouette du campanile étincelait sous le gaz qui faisait resplendir son toit de cuivre, ses colonnettes, ses trèfles et ses ogives. Tout au fond, l'église de Saint-Marc, avec sa façade mauresque, estompait vaguement sur le ciel pâle ses clochers bulbeux éclos au pays de la fantaisie. C'était une vision magique ! Lorsqu'on a vu un pareil spectacle, on ne l'oublie plus. Il s'incruste et reste gravé dans l'œil comme par la main d'une fée. Aujourd'hui encore, c'est toujours ainsi, dans cette transition brusque de l'ombre et du silence, au mouvement joyeux et à l'éclatante lumière de la *Piazetta*, que Venise m'apparaît dès que j'évoque son souvenir.

Il était 10 heures quand la barque aborda à l'*Albergo San Marco*, et il me sembla sortir d'un songe tant j'étais éblouie, fascinée par la première apparition de la *Bella Venezia*.

Le lendemain je me hâtai de visiter la ville enchanteresse, qui demanderait des années pour être connue et une heure pour être aimée.

Les plaisirs inattendus, dit-on, sont les seuls vrais plaisirs de ce monde, et comme l'infinie jouissance tient au hasard de la découverte, je cheminai à l'aventure au travers du double labyrinthe de la terre et de l'eau. Venise possède des rues et des places comme toute autre ville; on peut donc aussi la parcourir sans gondole. Elle se compose de soixante-dix à quatre-vingts îles qui communiquent entre elles par cinq cents ponts jetés sur les flots et dont le plus remarquable est le *Rialto*. C'est bien la plus singulière cité de l'Italie. Quand on la voit pour la première fois, elle offre au regard un spectacle original et étonnant ; ce n'est ni une ville orientale ni une ville romaine, mais quelque chose d'unique au monde qu'on ne saurait définir. Elle a été décrite mille fois, elle est toujours aussi nouvelle. La place Saint-Marc, dorée par le beau soleil de l'Adriatique..., poème unique ! La mer toute bleue, aux vagues lustrées et changeantes..., coup d'œil sans pareil ! Aussi lorsqu'après avoir parcouru des rues étroites et tortueuses, je tombai sur cette admirable *Piazza*, je restai plongée dans une extase savoureuse et exquise, comme celle qu'on éprouve devant la réunion des plus belles couleurs ou devant la plus harmonieuse mélodie.

Qu'y a-t-il de plus merveilleux, en effet, que cette vieille basilique de Saint-Marc avec ses coupoles écrasées, ses chevaux de bronze, ses porches et ses arceaux séparés par des clochetons et les éclatantes mosaïques de sa façade. Ce n'est point une église gothique, ce n'est pas une mosquée turque, encore moins une métropole grecque, et cependant c'est tout cela. A une magnificence orientale, à la richesse inouïe d'une décoration où se mêlent sans cesse le sacré et le profane, elle joint l'austérité chrétienne et mystique des cathédrales du XIII° siècle.

On pénètre dans une sorte d'obscurité radieuse et de resplendissement mystérieux comme dans l'intérieur d'une châsse. L'œil éperdu, empli d'un grand éblouissement vague et doux, ne sait où s'arrêter dans cet harmonieux fouillis de matières précieuses travaillées par un art plus précieux encore. L'or des mosaïques se mêle aux reflets chatoyants des marbres et à la pâle clarté des lampes qui scintillent dans l'ombre ; partout on rencontre une profusion d'ornements, une variété de détails qui rappellent l'exubérance de l'art éclos sous le ciel d'Orient. Je remarque l'autel de la Madone avec sa vieille image grecque de la *Panagia*, la chaire ornée de colonnes de jaspe et de malachite, la petite chapelle du Crucifix, et le baptistère tapissé de mosaïques sur fond d'or.

J'aperçois derrière le maître-autel la fameuse icone formée de lames d'or massif, appelée *Pala d'oro*, qui se cache dans une sorte d'écrin dont le revers est une curieuse peinture sur bois du XIV° siècle. Ce précieux monument de l'ancien art vénitien, divisé en un grand nombre de compartiments, est la seule peinture à l'huile de la basilique.

Cet impressionnant Saint-Marc, à la fois reliquaire et musée, donne une idée de la vie religieuse de ce peuple et de son respect pour les gloires locales. La vieille Venise, héroïque et fière, tient tout entière dans ce monument admirable où elle a su jeter une partie de son cœur en même temps qu'elle y enfouissait richesse sur richesse.

Me voici de nouveau sur la place Saint-Marc, qui réalise le plus splendide décor d'opéra que l'on puisse voir. Elle forme avec la *Piazzetta*, qui la continue, un angle droit du côté de la mer d'où la vue s'égare dans la perspective infinie des lagunes, tandis qu'à gauche elle est bordée par l'architecture féerique du palais ducal, ce rêve qui a pris corps ; à droite par la *Libreria vecchia*, monument superbe derrière lequel le campanile élève son toit aigu surmonté d'un ange d'or.

Au fond, sort avec quelques arcades du palais des Procuraties, la tour de l'horloge, ornée de son large cadran d'or et d'azur et de ses deux personnages qui battent les heures sur une cloche. Aux jours de grandes fêtes, aussitôt qu'ils ont frappé le dernier coup, une porte s'ouvre et les trois Rois Mages, conduits par un ange, défilent devant la sainte Vierge, qu'ils saluent en passant, au grand réjouissement de la multitude.

Au pied du campanile, tour d'une élévation prodigieuse, s'adosse sur la façade orientale un petit monument appelé *Loggia*, dont Sansovino a voulu faire un chef-d'œuvre, en y réunissant à la richesse des matériaux toutes les délicatesses de l'architecture et de la sculpture. C'est un bijou absolument exquis.

J'arrive devant le palais ducal. Comme une perle enchâssée dans une parure de prix, ce superbe édifice apparaît au milieu des splendeurs de Venise. C'est une merveille et, en même temps, c'est un type. Le génie vénitien des grands jours éclate en toute sa magnificence dans ce monument qui résume à la fois, sous une forme saisissante, l'art et l'histoire de la glorieuse république, et dont l'éblouissante architecture semble un produit naturel et spécial du sol sur lequel elle s'épanouit.

L'architecture en est très originale par les contrastes qu'elle présente : ainsi voit-on un premier ordre d'arcades supporter une seconde colonnade légère, dentelée, et le tout servir de base à l'immense damier de marbre blanc et rose qui forme le palais.

L'intérieur de la cour offre un mélange de tous les styles, arabe, gothique, renaissance et décadence ; on la franchit, puis on monte le splendide escalier des Géants, ainsi nommé de deux grandes statues de Mars et de Neptune qui s'y trouvent ; on traverse ensuite la galerie à jour et on pénètre enfin, par le fameux escalier d'or, dans les salles du gouvernement et d'apparat, remplies de merveilles. C'est l'histoire de Venise patricienne qui y est écrite en traits de génie. Que d'ouvrages de sculpture, que de choses remarquables dans ces lieux qui ont vu autrefois les splendeurs des doges !

L'école vénitienne y brille d'un vif éclat avec Véronèse, Tintoret, le Titien, Bellini, Pordenone. Je contemple avec joie les énormes panneaux où sont reproduits les hauts faits des navires de la sérénissime république. Telle la bataille de Lépante ; au milieu d'un fouillis incroyable de vaisseaux, on aperçoit une galère qui porte le drapeau de la flotte chrétienne ; sur cette bannière, particulièrement éclairée par le peintre, se détache le Christ en croix : c'est lui qui leur donna la victoire. Ici, comme à Saint-Marc, on retrouve le sentiment religieux présidant aux conceptions de l'art.

De cet ensemble merveilleux, où les riches décorations s'unissent aux tableaux des grands maîtres, dont le chaud coloris est une fête pour les yeux, on emporte une profonde impression d'admiration.

J'ai été spécialement intéressée par le balcon, d'où chaque année le doge jetait dans la mer l'anneau qui le rendait l' « époux de l'Adriatique » ; par le guichet en forme de lion dans lequel tous les citoyens avaient le droit de déposer des accusations, dont le Conseil des Dix était chargé de rechercher le plus ou moins de véracité.

Mais ce qui me frappa davantage encore, ce furent les célèbres prisons, dont l'horreur dépasse tout ce que nos imaginations modernes peuvent se figurer. Là, au-dessus du niveau de la mer, a gémi et souffert Silvio Pellico, et tant d'autres !

J'arrivai devant ce mélancolique *Ponte del Sospiri* (pont des Soupirs), ainsi nommé parce qu'il sépare les prisons du palais des doges et que les prisonniers ne le traversaient qu'une fois pour aller à la mort. Tristes, en effet, devaient être les derniers soupirs de ces malheureux, rendus un instant à la lumière, qui allaient se coucher sous un linceul dans la barque funèbre. Ce pont a bien mérité son nom !

Au sortir de ces lieux ténébreux, on revoit avec bonheur le ciel de Venise. Le soleil dorait les portiques des *Procuraties* (ainsi nommées, parce que, dans ce palais, logeaient autrefois les procurateurs de Saint-Marc), sous lesquels une foule élégante allait et venait autour de l'orchestre des *bersagliers*, avec un brouhaha de syllabes harmonieuses, avec le frôlement des robes de soie et les battements d'ailes des éventails de ces belles vénitiennes à la peau mate, à l'opulente chevelure. Elles passaient et repassaient comme des figures arrachées aux toiles du Titien, dans leur démarche nonchalante et langoureuse.

Au milieu de la place les nombreux pigeons de Saint-Marc venaient picorer avec une familiarité charmante, jusque dans les jambes des promeneurs, les grains semés pour eux sur les dalles. Je m'amusai à leur en jeter, et je fus aussitôt environnée de ces hôtes délicats et gracieux ; il y en avait de perchés jusque sur ma tête. Ils sont nourris aux frais de la ville, parce qu'au XIIIe siècle, l'amiral Dandolo, assiégeant Candie, reçut par des pigeons d'importantes dépêches, qui contribuèrent à la conquête de l'île. Dandolo envoya ces oiseaux à Venise, en même temps que la nouvelle de la prise de Candie, et leurs descendants sont encore, aujourd'hui, nourris et vénérés par le peuple reconnaissant. Ces douces petites bêtes ne s'éloignent pas quand on approche, elles viennent sur vos épaules et vous becquètent gentiment.

Ah ! comme on se laisserait vivre dans cette atmosphère de parfums, de lumière et d'harmonie ! Les jours coulent à Venise avec le mouvement onduleux d'une barque sur les flots ; le mouvement même y repose l'esprit et y berce le corps !

Les églises, au nombre de 300, sont inondées de lumière, enjolivées de marbre de couleur, enluminées de fresques ; l'or y brille de toutes parts. La plus petite est riche en tableaux de grands maîtres. Parmi ces trois cents églises, il y en a de fort belles; il faudrait des pages pour écrire les noms des artistes célèbres dont on y admire les ouvrages, et des personnages illustres dont les tombeaux et les épitaphes couvrent les murs et les pavés. Je citerai, entre autres, celle de *Santa Maria Gloriosa Dei Frari*, que les Frères Franciscains ont consacrée à sainte Marie Glorieuse, et qu'à Venise, où l'on aime beaucoup les abréviations de langage, on appelle plus communément *Frari*. Elle est une des plus anciennes de la ville, car elle a été commencée en 1250, dans le style gothique de l'époque. J'y remarque le mausolée du grand statuaire Canova, exécuté par quelques-uns de ses élèves, et celui du Titien, qui lui fait vis-à-vis.

Celle des *Gesuati* (Jésuites) possède une « Assomption », du Tintoret, et un « Saint Laurent », du Titien, dignes d'être cités. Dans l'église des *Scalzi*, on voit avec émotion une pierre tombale portant cette seule inscription : « *Manini cineres !* » Cendres de Manini ! Que de souvenirs évoqués dans le nom du dernier des doges, Louis Manini, qui, au moment de prêter serment à l'Autriche, éprouva une telle douleur en voyant sa patrie perdue pour toujours qu'il tomba évanoui. Avec lui s'éteignit la superbe Venise, et c'est maintenant parmi les ruines et les tombeaux qu'il faut lire l'histoire de l'orgueilleuse république.

Je ne puis passer sous silence la belle église de Saint-Zacharie, où le gothique se marie au style de la renaissance, et le luxe décoratif au plus profond sentiment religieux ; ni celle de *San Zanipolo* (Saints-Jean et Paul) qu'on nomme le Panthéon Vénitien, parce qu'elle est tapissée, des dalles à la voûte et du porche à l'abside, de mausolées qui appartiennent à toutes les époques et à tous les styles. En la visitant, je marchais environnée d'un cortège de héros qui faisaient revivre autour de moi les grands siècles de la république. Mais ces monuments n'ont rien de funèbre. Ils éveillent la pensée de la gloire plutôt que celle de la mort ; ils ont l'éclat joyeux et vivant des apothéoses. On sent que la superbe Venise s'y glorifie elle-même dans les honneurs qu'elle décerne à ceux qui l'ont servie et l'ont fait triompher.

J'admire aussi le blanc campanile, qui porte si bien le joli nom de *Santa Maria Formosa*, et les trois temples qui font, pour ainsi dire, partie essentielle du grand décor de Venise : *Il Redentore*, *San Giorgio* et la *Salute*. Les deux premiers, situés sur les deux îles qu'on peut considérer comme les faubourgs maritimes de la cité, sont de *Palladio*. Beaux monuments, corrects, élégants, d'une conception parfaite, des proportions les plus justes et les plus heureuses, ils produisent un effet merveilleux dans le point de vue et ne pourraient disparaître sans enlever un élément essentiel au pittoresque tableau du canal. Le dôme de Saint-Georges surtout, vu du môle, découpe majestueusement sa vaste silhouette sur le bleu du ciel. La *Salute*, qui s'élève à l'entrée du Grand Canal, forme avec la Fortune de la douane, voltigeant sans cesse au-dessus de son globe doré, un point de vue dont l'œil ne se lasse pas.

Et si l'on entre, le soir, dans une de ces églises, en soulevant les draperies de pourpre qui retombent à la porte ; que parmi des milliers de cierges qui font flamboyer l'autel, on entende retentir les cantiques des fidèles mêlés au chant étrange du rit alexandrin ; qu'on écoute ces ardentes prédications où un religieux se promène dans la chaire avec de grands cris et de grands gestes, scandant, chantant presque un sermon où il met toute son âme, on ne se dérobe point entièrement à l'effet produit sur cette foule, éprise par instinct même dans la prière, du son, du parfum, de la lumière et de la couleur ! L'esprit est atteint par les sens, et le cœur monte vers Dieu.

Il faudrait visiter jusqu'à la dernière des innombrables églises de Venise, pour bien connaître ce génie mystique qu'elle a porté dans l'art religieux ; car il n'en est pas une, fût-ce la plus humble, qui n'ait quelque chose à montrer, une façade, un campanile, le tombeau d'un grand homme, la toile d'un maître.

Après avoir visité les palais, les églises et les rues de cette ville enchanteresse, il ne me restait plus à faire que la promenade du Lido. Cette excursion est une de celles dont aucun touriste ne se dispense ; il est si bon et si peu ordinaire d'errer doucement au milieu de l'onde, et, du fond de la gondole, d'aspirer cet air moite et parfumé qui, en caressant d'admirables édifices, vient mourir à vos pieds.

On suit, pour s'y rendre, la route que suivait jadis le *Bucentaure*, quand le doge allait célébrer son mariage avec l'Adriatique. On laisse à droite *San Giorgio* et toutes ces petites îles qui émergent de la mer, *Santa Elena*, la *Cartosa*, *Malamocco*. C'est une promenade ravissante : la gondole, avec un clapotement d'une monotonie charmante, glisse dans l'air bleu et dans la lumière sur la nappe d'azur et d'argent qui la berce. Je ne sais quelle torpeur mitoyenne entre la vie et le rêve vous saisit et vous enveloppe peu à peu, il semble que l'on ne soit plus sur la terre.

Nous arrivons au Lido, ce lieu célèbre chanté par les poètes modernes.

C'est un long banc de sable qui, avec son église, ses maisons, ses jardins et surtout l'immensité de la mer qui l'environne, est bien fait pour impressionner. De quels doux rayons le soleil ne caressait-il pas la ville qui se montrait ainsi à moi. Plus que jamais Venise dans le lointain, ressemblait à la reine de l'Adriatique prête à s'envoler dans un nuage de lumière azurée. Et j'eus alors la vision du bleu dont on rêve, car l'œil ne saisit plus la ligne de l'horizon ; l'eau et le ciel ne font qu'un voile d'azur où la pensée se perd et s'endort.

Ma promenade au Lido ne fut qu'une longue suite de méditations ! Tout est fait ici pour effacer le souvenir de la terre et de ce qui passe, tout semble contribuer à ouvrir les sphères sans limites du ciel et de l'éternité. Ici, comme sur le firmament et sur la goutte de rosée qui se balance au calice d'une fleur, le grand nom de Dieu est écrit en lettres ineffaçables *Cœli enarrant gloriam Dei*. J'étais heureuse de le lire et de répéter avec le Roi prophète : « Il est grand le Seigneur, il est tout-puissant, infini ! » Mais l'heure passait! Le soleil, qui avait brillé si doucement sous des nuages légers, descendait vers la mer pour s'y enfoncer tout à fait.

Je remontai dans ma barque, aspirant avec bonheur les émanations salines unies aux parfums des girofliers en fleurs, arrivant par bouffées comme si la terre exhalait des soupirs embaumés. Mon retour fut mélancolique, je regrettais de quitter ce lieu enchanteur, lorsqu'un défilé étrange vint me causer une nouvelle surprise! Plusieurs gondoles se suivaient dans un morne silence. La première, ornée de franges d'or, avait un ange à la proue qui semblait la conduire. Les bateliers, vêtus de velours noir et galons dorés, ramaient tristement. La seconde barque ne différait de l'autre que par la couleur noire et argent, elle contenait des prêtres récitant des prières. Au milieu d'eux, s'élevait la croix, emblème de foi et d'espérance. Les suivantes, peintes simplement en noir, renfermaient les parents et les amis du mort, car c'était un enterrement noble que nous rencontrions. Venise ne garde pas ses morts dans son enceinte, des gondoles mortuaires les transportent dans une île voisine, et c'est quelque chose d'émouvant que ces barques muettes glissant comme des ombres à la surface des flots. Dans la silencieuse Venise, la mort a un cachet plus grandiose qu'ailleurs. Le calme immense de cette immense ville donne l'illusion d'un vaste tombeau où toute vie est descendue pour n'en jamais sortir.

Ce fut la dernière impression que j'emportai de cette reine de l'Adriatique qui, quoique déchue de son ancienne splendeur, n'en reste pas moins la ville la plus extraordinaire et la plus curieuse que l'on puisse rêver.

VÉRONE

ans le cours de mon premier voyage en Italie, je ne m'étais pas arrêtée à Vérone. Je voulus réparer cet oubli, et visiter, cette fois-ci, la cité moyenâgeuse dont j'avais entendu vanter l'originalité et le charme.

Assise au pied des Alpes Tyroliennes, dans une des plus riantes campagnes de l'Italie, l'antique *Verona* unit à l'enchantement du paysage les souvenirs de la poésie et de l'histoire. On jouit de son soleil brillant en se rappelant que ce même soleil a éclairé les immortelles régions d'Arcole et de Rivoli, ses voisines. De semblables illustrations donnent l'impression d'un lieu qu'il est plus facile de vanter que de peindre. C'est un musée universel où tous les siècles ont gravé leur passage et laissé leur adresse. On est frappé au premier abord par je ne sais quel air de vétusté rongeuse qui ne se trouve pas au même degré dans aucune autre cité italienne. Je vois, en premier lieu, sa magnifique arène, colosse de granit aux quarante-cinq rangs de gradins, aux soixante-douze arcades, aux larges vomitoires où Trajan faisait combattre les lions et les gladiateurs.

Mieux conservée que le fameux Colisée de Rome et que l'amphithéâtre de Nîmes, ses énormes pierres, ses gigantesques voûtes paraissent l'œuvre même de la nature, dont elles ont la solidité. On la dirait construite pour lutter éternellement contre la décrépitude dont le temps menace les hommes et les choses. C'est avec Shakspeare que je pénétrai dans la cité de Roméo et de Juliette, regrettant seulement que le tombeau et leur histoire même soient contestés : ce doute enlève à Vérone une de ses originalités. Peu de villes ont mieux conservé l'empreinte du moyen âge. Elle a ses murailles flanquées de bastions et de tours, ses ponts bordés de créneaux, ses palais innombrables où s'est donné pleine carrière le génie abondant et noble de *San Micheli*. Elle a encore ses places historiques *delle Erbe* (place aux herbes) qui mérite bien son nom, étant toujours couverte de légumes et de fruits, puis celle *Dei Signori*, où s'éleva jadis le palais des Scaliger. Elle a enfin ses vieilles maisons peintes à fresque sur leur façade par Véronèse et ses élèves, aux fenêtres élevées, aux balcons divisés en compartiments. Tout rappelle cette époque fameuse où régnait en despote ce *Can Grande delle Scala* dont j'aperçois le magnifique tombeau près de la petite église de *Santa Mariá l'Antiqua*, et qui recevait dans sa cour littéraire le Dante et d'autres poètes et écrivains proscrits. Rien n'est plus intéressant que de s'égarer dans ces rues aux angles sculptés, aux monuments sévères, aux églises remarquables. Ici, comme à Venise, c'est le charme suprême. Je tombai tout à coup devant la cathédrale de *Santa Maria Matricolare*, très extraordinaire avec son porche du XII® siècle, derrière les colonnes duquel on voit les statues de Roland et de la reine Berthe, mère de Charlemagne, avec ses clochetons, ses arceaux brodés et ses ogives entrelacées de feuillages tordus. Un peu plus loin j'aperçois *Santa Anastasia*, dont le clocher principal est environné d'une véritable nichée de cônes de toute taille, et qui date de 1261. Elle a une annexe curieuse, la chapelle Pellegrini, bâtie en bronze des environs de Vérone et décorée de sculptures du XV® siècle, pleines de grâce et d'originalité, ayant pour sujet les scènes principales de l'Evangile. Mais la plus belle, à mon avis, est assurément l'église Saint-Zénon, fondée par Pépin, fils de Charlemagne, et qui présente, dans son ensemble comme dans les moindres détails, l'intérêt d'une époque carlovingienne.

Tout ce que l'art et la piété peuvent produire de merveilleux et de touchant se trouve réuni pour embellir ce sanctuaire où repose le corps du saint. Le porche est à colonnes portées par des lions, symbole de la force de l'Eglise. Ce qu'il y a ici de surprenant, c'est que ces lions se détachent du sol de façon à ce qu'il n'y ait que le vide sous le corps qui soutient tout le poids des colonnes. Les portes en bronze, couvertes de figures symboliques, datant de 1178, et la façade curieuse font un cadre digne de l'intérieur de la magnifique basilique, dont le jour sombre et le recueillement pieux des sanctuaires gothiques et romans produisent une profonde impression.

Je ne me lassai point de contempler la nef admirable avec les belles colonnes antiques qui la séparent des bas-côtés tout en restant unies entre elles par des arceaux demi-circulaires ; que de curieux monuments de l'art du moyen âge passèrent ainsi sous mes yeux! Entre tous, je citerai la belle statue, en marbre rouge, de San Zenone et quelques tableaux de Mantegna ; mais la curiosité la plus remarquable de cette église est assurément la crypte où se trouve le tombeau du saint et qui témoigne, par sa riche décoration, de la pieuse libéralité des fidèles. Au dedans comme au dehors cette basilique est d'un grand caractère. Tout ici se réunit pour donner une impression sépulcrale : à l'extérieur, cette grande tour féodale, ce mélange de marbre blanc et de briques noircies, ces lions gigantesques ; à l'intérieur, ces statues, ces tombeaux, œuvres des premiers siècles, ces bas-reliefs, ces fresques singulières, ces sculptures barbares, tout donne la vision d'une époque morte depuis longtemps. Pendant que je visitai ce sanctuaire, je me rappelai quelles vertus paisibles, quelle grande charité témoigne la vie de saint Zénon ; je pensai à ce vivant exemple que Dieu daigna donner à son église de Vérone. Les Véronais, excités par la vertu héroïque de leur évêque, marchèrent sur ses traces avec un saint enthousiasme. La maison du riche était un foyer ouvert à tous ; indigents, pèlerins et étrangers y trouvaient un accueil fraternel. La fortune n'était plus considérée que comme un moyen de faire le bien : ainsi vit-on, en 378, les habitants de Vérone employer une partie de leur fortune au rachat des prisonniers faits par les Goths dans la funeste bataille d'Andrinople. La mémoire du grand pontife, qui a provoqué ces admirables élans de charité, est encore, après quinze siècles, en si grande vénération que les Véronais célèbrent chaque année trois fêtes en son honneur.

L'une d'elles fut, en 589, illustrée par un événement prodigieux, que saint Grégoire rapporte en ces termes : « Pendant que la ville de Rome était sous les eaux du Tibre, la ville de Vérone disparaissait sous un débordement de l'Adige. Le peuple, plein de confiance dans la protection de son illustre patron, se porta en foule à son sanctuaire pour implorer son secours. Là, il fut témoin d'un miracle éclatant : on vit les eaux qui couvraient toute la plaine respecter les portes du sanctuaire, s'élever jusqu'à la hauteur des fenêtres sans pénétrer dans l'intérieur de la basilique et rester suspendues comme celles du Jourdain lors du passage des Israélites. Pendant vingt-quatre heures, le peuple y resta en prières, à l'abri de l'invasion des flots, après quoi le fleuve rentra dans son lit. » Peut-on s'étonner qu'après un semblable miracle, qui eut toute la ville pour témoin, les Véronais reconnaissants aient conservé un véritable attachement pour le pontife vénéré, sur la mort duquel tant de siècles ont déjà passé !

Un autre souvenir fait la gloire de cette ville, c'est celui de saint Pierre martyr, auquel elle donna le jour.

Dès l'âge le plus tendre, Pierre montra son attachement à la foi catholique. Mis en présence d'un hérétique, le jeune enfant récita le symbole des Apôtres et lui expliqua les dogmes de notre sainte religion avec l'accent de la simplicité et de la vérité. Etudiant à Bologne, il y connut saint Dominique et reçut l'habit religieux de ses mains, à l'âge de quinze ans. Il avait la pureté d'un ange ; il eut plus tard le zèle d'un apôtre. Sans cesse il demandait à Jésus-Christ, au saint autel, la grâce de répandre son sang pour son amour. Il fut exaucé. Sans craindre les menaces, ni les périls, ni la mort, il proclamait les vérités de l'Evangile, uniquement poussé par sa foi et sa reconnaissance pour ce Dieu qui l'avait préservé lui-même, par un privilège singulier, du venin de l'hérésie. Son cœur était tellement embrasé de la charité, qu'il ne ralentit pas sa course et qu'il ne tourna pas la tête en arrière lorsqu'il apprit qu'il allait mourir. Au moment d'expirer, la voix et l'encre lui manquant, il trempa son doigt dans le sang qui sortait de sa blessure, et comme il n'avait pas de papier, ce glorieux martyr s'inclina vers la terre pour y écrire cette profession de foi : *Credo in Deum*.

C'est ainsi qu'après avoir été le disciple et le défenseur de l'Evangile, il en fut le martyr et devint l'honneur de Vérone.

Ce qui me plut encore dans cette antique cité, c'est le parfum français qui émane d'elle-même. Cette noble fille des anciens Gaulois a pu courber son front sous vingt sceptres différents, elle n'a pas cessé d'être française et par le caractère et par les sentiments élevés que l'histoire lui reconnaît. En la parcourant, on voit partout notre langue écrite sur ses magasins, aussi bien qu'on l'entend généralement parler dans ses salons ; tandis qu'après plusieurs années de domination politique, l'Autriche ne put y introduire l'idiome germanique, prouvant ainsi qu'on peut parfois réduire une population au joug, mais non pas en enchaîner la pensée.

Il ne me fut point possible de visiter les cinquante églises que possède Vérone et dont l'architecture connue sous le nom de lombarde, atteignit ici une perfection qu'on rencontre dans peu de villes d'Italie. Je le regrettai, et quittant l'*Albergo Colombo d'oro*, où j'avais pris gîte, je laissai l'intéressante *Verona* pour la superbe *Milano*.

MILAN

E Vérone à Milan les tunnels, les tranchées se multiplient, et dès qu'on débouche à la lumière, le rideau qui s'abaisse tout à coup laisse plonger le regard sur les flots bleus du lac de Garde, avec son long promontoire de maisons blanches et sa double bordure de jardins en terrasse et de rochers à pic. C'est un charmant tableau. A mesure que nous avançons, les Alpes se dessinent à l'horizon avec plus de netteté, et leurs grandes lignes aux courbes heurtées font un cadre d'azur à la plaine immense.

Une haute coupole apparaît bientôt, dominée dans le fond par un château-fort auquel la colline sert de piédestal. C'est Brescia, une des plus belles villes de la Lombardie, gracieusement encadrée dans un rameau des Alpes Rhétiques, sur laquelle plane encore après trois siècles et demi, le souvenir de l'héroïsme et de la courtoisie de Bayard.

L'œil ne découvre ensuite que des champs de maïs plantés de mûriers, puis des rizières arrosées de canaux qui portent la fraîcheur et la fertilité dans la plaine, ce qui lui a valu le gracieux surnom de Jardin de l'Italie.

Voici Milan, dite la grande, qui remonte à une très haute antiquité. On y compte 278.000 habitants. Les rues principales rappellent parfaitement les boulevards de Paris ; c'est le même alignement, la même hauteur des façades, le même étalage de luxe et de brillantes devantures aux magasins qui les bordent. seulement la foule qui circule dans - les rues est moins compacte, moins bruyante, moins active.

Quel moment sublime que celui où, débouchant sur la *Piazza del'Duomo*, je vis se déployer devant moi la magnifique façade, éblouissante et ciselée, découpée à mille facettes, et toute hérissée de statues à son sommet. Certes il y a au monde peu de tableaux comme celui-là ! Quand je la regardai monter ainsi jusqu'au ciel qu'elle criblait de toutes ses aiguilles, la féerique et solennelle cathédrale, je restai saisie d'étonnement. Cette église aux cimes blanches, aux pieds noirs, au merveilleux portail curieusement ouvré par le ciseau des grands artistes du temps, qui accomplissaient le labeur sacré sous la double influence de la bénédiction de saint Charles Borromée et du génie de Pellegrin, cette admirable façade où se résument trois grands siècles d'architecture, tout cela me frappa d'une extatique immobilité.

Je ne sortis de cet état de stupeur contemplative, que pour entrer dans l'église elle-même. Je levai les yeux. Une forêt de colonnes démesurées se prolongea dans tous les sens autour de moi, comme une gigantesque forêt de bambous, et je vis que celles qui entouraient la nef avaient toutes des chapiteaux circulaires et cannelés, avec un saint de marbre dans chaque cannelure, ce qui faisait ressembler ces chapiteaux à autant de bracelets incrustés de pierres précieuses.

La nef est un vaste espace pavé d'arabesques et de rosaces en marbre nuancé, tout peuplé de statuettes échelonnées par myriades, à l'infini, jusqu'aux voûtes de la coupole, suspendue de deux cent cinquante-huit pieds au-dessus des fidèles agenouillés. Au milieu s'élève le maître-autel, tout rayonnant du Clou sacré de la Passion. J'aperçois, plus loin, saint Barthélemy d'Agrati, ce martyr écorché, qui porte sa peau sur son épaule ; cette vue fait frissonner.

J'arrive dans la chapelle souterraine, aux murailles d'argent, toute radieuse de bougies allumées, de diamants incrustés et de cristaux de roche, étalant çà et là leurs radieux panneaux.

Cette chapelle est celle de Saint-Charles Borromée. Le corps du pieux archevêque est couché dans une châsse d'argent massif, ses mains jointes tiennent la crosse, et l'auréole d'escarboucles éclaire son visage endormi.

Une couronne d'or, ornée de pierreries, est suspendue sur sa tête. Œuvre de Benvenuto Cellini, elle est un don de Charles-Théodore, électeur de Bavière. Ce saint, si humble et si détaché des vaines grandeurs de la terre, reçoit dans la tombe l'hommage de ces biens qu'il avait méprisés durant son existence.

La tête mitrée de saint Charles repose sur un coussin d'or, et l'on contemple avec émotion cette figure ascétique dont les chairs n'ont pas subi l'injure de la décomposition, comme si Dieu avait voulu que son serviteur fût revêtu par avance de l'immortalité, afin de servir de modèle perpétuel à tous ses successeurs dans le gouvernement de l'Eglise de Milan. Après l'avoir prié, je le regardai longtemps et de près pour épier s'il ne quitterait pas cette attitude ; et comme pas un mouvement, si imperceptible qu'il fût, ne vint trahir un reste de vie errante sur le cadavre éblouissant, je me mis à considérer les huit bas-reliefs du fameux orfèvre Rubini, lesquels représentent huit actions mémorables de la vie du saint.

En quittant cette chapelle, je voulus gravir le Dôme ; chaque marche me semblait une beauté nouvelle comprise et développée.

On se sent perdu au milieu de ce vaste glacier de marbre, d'une blancheur sans tache comme Celle à qui il est consacré, élevant vers le ciel, au sommet de ces cent trente-six flèches, une armée aérienne d'anges et de saints, qui semblent suspendus à mi-route entre le paradis et la terre. De chaque côté, ce sont de nouvelles surprises ; pendant que l'imagination suit ardemment ces arcs ogivaux qui s'élèvent comme une pensée hardie, les fines dentelures des parapets arrêtent un instant les yeux qui se fixent, comme dans une muette prière, sur la statue dorée de la Vierge, représentée au moment où elle s'enlève de la terre pour aller rejoindre le chœur des saints et des bienheureux. Les cent trente-six aiguilles surmontées de statues forment son cortège ; et c'est alors seulement, quand on a tout entrevu, que le panorama s'offre aux regards dans son idéale splendeur. J'étais élevée à quatre cents pieds au-dessus du sol. J'embrassais la cité immense, baignée par deux cours d'eau considérables, l'Adda et le Tessin, majestueusement assise au milieu d'une vaste plaine toute parsemée de bourgades et de villes somptueuses. Au delà, comme un fragment de vieux cadre gothique aux arabesques anguleuses, courait la chaîne des Alpes, aux cimes froides, aux redoutables escarpements, puis les Apennins et leurs ramifications sans nombre.. Là-bas, ce point lumineux, c'est la Chartreuse de Pavie, avec ses précieux souvenirs ; de ce côté, le Mont de Soperga et ses glorieux tombeaux. Comme vers un aimant, l'œil est attiré par ces blancheurs qui scintillent au loin, c'est le Mont Cenis. C'est la France que l'on ne voit pas mais que l'on devine dans l'ombre azurée. Une mer de glace et de neige éternelle entoure le géant Mont Blanc et les sommets du Grand Saint-Bernard ; le Mont Rosa s'élance de la plaine, m'apparaissant dans un reflet rosé. Quel immense et grandiose spectacle, et que l'on se sent petit devant tant de grandeurs ! J'étais ravie d'admiration et remerciais Dieu de me rendre témoin de tant de merveilles. Ce fut sous l'empire de ces religieuses pensées que je quittai mon observatoire aérien, afin de revoir encore l'intérieur du Dôme, ce poème de marbre dont je voulais m'enivrer.

A travers la muraille colossale de colonnes, pénétraient les rayons d'un beau soleil couchant. Rien de plus splendide ! La coupole semblait remplie d'un épanchement d'or en fusion, percé d'un point blanc au sommet et recouvert comme d'un voile de dentelles. La lumière tombait sur le haut du grand crucifix qui domine le chœur et en illuminait la tête. Un reflet adouci flottait en arrière, au sommet des arcades de l'abside, tandis que, tout au bout de l'église, les illuminations de l'autel découpaient leurs arabesques sur les tentures rouges des rideaux, comme une pluie d'étoiles, au-dessous de la rosace qui les couronnait d'une auréole sombre et mate. C'était un éblouissement, mais religieux, mystique et recueilli, au milieu duquel montait le murmure lointain des prières, comme un souffle de brise dans cette forêt de marbre.

Sous cette émotion, je quittai le *Duomo* de Milan, qui restera toujours la plus belle gloire de l'Italie après Saint-Pierre de Rome, et l'une des merveilles les plus curieuses de l'Europe.

Je me dirigeai vers l'église Saint-Ambroise, où je voulais rechercher les traces du grand évêque de Milan et de saint Augustin.

La vénérable basilique a gardé une physionomie digne des hauts souvenirs qu'elle rappelle. Ses deux tours de briques, massives, carrées ; sa porte de bois de cyprès, du IXe siècle, décorée de sculptures du plus curieux travail ; son atrium, dont la colonnade supporte une galerie surmontée d'arcades romaines ; les peintures aux trois quarts effacées ; les bas-reliefs et les inscriptions des premiers siècles qui recouvrent ses murs, tout trahit son antiquité et remet en mémoire les grandes choses dont elle fut témoin.

Au milieu des œuvres d'art qui m'entouraient, je

remarquai le fameux *Pailloto* ou devant du maître-autel. Il est tout d'or et d'argent et offre un travail d'orfèvrerie fort remarquable, du IX° siècle, qui a une très grande valeur historique et artistique.

Au fond du *presbyterium*, j'eus devant mes yeux le siège en marbre blanc, simple et sans sculpture, qui servit aux premiers évêques de Milan.

Dans la nef centrale, je vis une colonne de granit portant le fameux serpent d'airain que Moïse éleva dans le désert ; puis descendant dans la crypte, j'admirai une riche mosaïque remontant également au IX° siècle. Elle représente, dans sa partie supérieure, Notre Seigneur assis sur un trône resplendissant d'or et de pierreries, ayant à ses côtés les saints martyrs Gervais et Protais ; et, dans sa partie inférieure, saint Ambroise au moment où, pendant un mystérieux sommeil, Dieu lui révéla l'endroit où reposaient les corps de ces glorieux athlètes de la foi.

Me voici maintenant en face du célèbre *baptisterium* où le grand Augustin devint enfant de cette Eglise dont il devait être une des plus grandes lumières. Mgr Gaume a décrit en termes bien sentis cet événement. Je ne saurais mieux faire que de citer ses propres paroles : « C'était le 8 des calendes de mai, 23 avril
« de l'an 387, la veille de Pâques ; dans cette nuit
« solennelle, le baptistère, resplendissant de lumière,
« était rempli de catéchumènes aux longs vêtements
« blancs. Un peuple immense assiégeait les portiques ;
« les hymnes sacrées s'élevaient vers le ciel avec la
« fumée de l'encens. Revêtu de ses habits pontificaux,
« Ambroise arrive, conduisant par la main le fils de

« Monique, le brillant professeur de la grande Rome,
« Augustin, sa noble conquête. Après les cérémonies
« d'usage, il le plonge dans la fontaine sacrée ; suivant
« la tradition de l'Eglise de Milan, c'est après la troisième
« immersion qu'Ambroise dans l'enthousiasme de
« l'amour et de la joie entonne l'hymne sublime du
« *Te Deum laudamus*... qu'Augustin continua avec
« lui, en improvisant alternativement chacun des
« versets. » Y a-t-il de la témérité, ajoute en terminant
le pieux auteur des *Trois Rome*, à défier l'artiste chrétien, le voyageur quel qu'il soit, de rester sans émotion
en visitant ce baptistère immortel et de ne pas murmurer aussi l'hymne d'actions de grâces !

Oui, ce sont bien les impressions qui, en illuminant
l'âme des merveilleux reflets du passé, l'inondent d'une
pure joie.

De l'église de Saint-Ambroise je me rendis à celle de
San Lorenzo, remarquable par le royal vestibule que lui
font les seize colonnes corinthiennes, débris d'un portique romain dont ni le temps ni l'incendie n'ont pu
détruire la majesté.

A l'ancien couvent de Sainte-Marie des Grâces, j'ai
contemplé longuement, dans l'ombre où elle se dérobe,
la fresque de la « Cène » de Léonard de Vinci, ce chef-d'œuvre de la peinture moderne et de l'art chrétien.
Reléguée dans le réfectoire du couvent des Dominicains, servant aujourd'hui de caserne, elle coûta six
années de travail au grand artiste. Cette composition
mystique est belle, d'un charme unique. Rien d'étonnant
à ce qu'il se soit formé autour d'elle, depuis plusieurs
siècles, une auréole de gloire, car cette fresque semble

caractériser l'effort suprême du génie de l'homme pour rendre des faits surhumains. Léonard de Vinci a voulu donner à chaque tête une expression individuelle et sa volonté s'est pleinement réalisée. Ce qui me frappa avant tout, c'est l'admirable tête de Notre-Seigneur, empreinte d'une divine charité et d'une sublime résignation. Fidèle à la tradition qui nous montre le Christ, même à sa dernière heure, ayant une beauté céleste, avec un art remarquable Léonard de Vinci a su la contenter. Dans cet ensemble de physionomies, il n'en est pas une seule dont l'expression soit livrée au hasard : voir, savoir, se souvenir, transformer, vouloir, tous les mouvements de la pensée sont parcourus dans chacun de ces visages dont toutes les nuances ont leur raison d'être.

Si la « Cène » est le chef-d'œuvre artistique, le « *Sposalizio* » (mariage de la sainte Vierge) est la plus fine perle de la ville de Milan.

Parmi les quatre à cinq cents toiles que possède le musée Bréra, cette production exquise et charmante, première fleur du génie de Raphaël, attire par sa fraîcheur et son parfum, où tout respire la grâce candide d'une virginale jeunesse.

Cette suave création, peinte en 1504, laissa dès lors pressentir ce que serait un jour le jeune artiste qui débutait ainsi.

Une visite à l'arc du Simplon, vestibule grandiose de la ville de Milan, commencé en 1807 à l'honneur des victoires napoléoniennes, une promenade le soir au *Corso* Victor Emmanuel brillamment illuminé, et ce fut fini. Je dis adieu à la grande cité milanaise et, pendant que le train m'en éloignait, j'entrevoyais encore, à la clarté de la lune, les hautes aiguilles du Dôme qui rayonnaient sous l'image dorée de la Vierge..., dernière vision que j'emportai dans mon cœur !

TURIN

Sans attendre que je fusse sortie de mon rêve, la locomotive m'emportait rapidement loin de Milan.

Au lever de l'aurore, j'aperçois un panorama gracieux ; Novaro, Verceil, Settino, passent sous mes yeux. Les Alpes tombent à pic, servant de repoussoir aux collines boisées et aux campagnes fertiles, rafraîchies par un climat enchanteur. Bientôt j'aperçois la belle capitale du Piémont, qui s'épanouit comme une reine magnifiquement parée au milieu de cette vaste plaine arrosée par le Pô et la Dora-Riparia. A peine le train est-il entré dans la superbe gare de Porte-Neuve, que je me hâte d'en descendre pour explorer *Torino* et compléter par sa visite mon voyage en Italie.

C'est une ville moderne, débordante de vie et de gaieté, où l'on ne rencontre plus ces vieux palais, grandioses dans leur sombre beauté, qui sont le cachet caractéristique de Rome, de Florence et de Venise.

Du moyen-âge il reste peu de chose. Quand on a vu le campanile de la *Consolata*, dernière épave de l'architecture lombarde du Xe siècle, ceux de la cathédrale et de Saint-Augustin, l'église Saint-Dominique et le *palazzo Madama*, il semble que cette lointaine époque ait dit son dernier mot.

Aujourd'hui Turin, avec sa gare monumentale, les beaux boulevards par lesquels on y accède, ses portes et ses arcades d'une architecture distinguée, ses rues tirées au cordeau, ses places la plupart remarquables, l'animation excessive de la population qui circule, lui donnent un charme plutôt français qu'italien. C'est d'ailleurs ce que trouvait Chateaubriand quand il disait que : « Turin était encore « la Gaule. » Et, ce qui est frappant, presque tout le monde parle notre langue. On peut donc l'appeler le Paris de l'Italie.

Je cherche avant tout le *Duomo* ou la cathédrale, dédiée à Saint-Jean-Baptiste. Elle est située près du Palais Royal et date du XVe siècle. C'est le seul édifice qui porte vraiment le cachet de la Renaissance. Rien de joli comme sa façade en marbre, élégante dans sa simplicité et dont les frises des trois portes, fouillées avec art, semblent dues à un ciseau florentin. L'intérieur n'offre rien de particulièrement remarquable, si ce n'est une Vierge, attribuée à Albert Dürer, qu'on voit au deuxième autel à droite, puis les belles sculptures du maître-autel en marbre précieux, et la vaste tribune de l'orgue richement ornée de dorures.

Tout cela est éclipsé par la splendide chapelle du Saint-Suaire. Elle est située derrière le maître-autel ; on y pénètre du chœur par une immense porte vitrée précédée d'un double escalier de marbre noir. C'est comme une église à part et certainement la plus curieuse de Turin. Elle a été construite pour recevoir un des linceuls dans lesquels le corps de Notre-Seigneur Jésus-Christ fut enseveli et qui montre encore l'empreinte divine de ses membres ensanglantés.

Objet d'une vénération profonde, la sainte Relique fut rapportée d'Orient, à l'époque des Croisades, par Geoffroy de Charme, chevalier champenois ; elle n'est exposée au public que dans les occasions solennelles ; on la garde précieusement dans une urne en forme de sarcophage.

Il fallait une chapelle digne d'une semblable relique ; aussi l'intérieur en est-il d'une imposante architecture, produisant une impression vraiment funèbre. C'est une rotonde très élevée, environnée de colonnes groupées, de marbre noir poli, dont les bases et les chapiteaux sont de bronze doré. Au-dessus de cette rotonde, la coupole s'élève légère et fantastique comme dans un temple indien.

Plus haut, la partie intérieure de la coupole se compose de plusieurs voûtes en marbre percées à jour, placées les unes au-dessus des autres et disposées de manière à laisser voir, au sommet de l'édifice, une couronne de marbre en forme d'étoile qui semble suspendue en l'air, bien qu'elle repose sur ses rayons. Cette seconde voûte est décorée d'une peinture à fresque représentant le Saint-Esprit dans sa gloire.

La lumière vient d'en haut et éclaire ainsi faiblement la chapelle, dans laquelle le recueillement est profond ; c'est d'un aspect mystique saisissant. Ce que j'admire également, c'est la grande croix de cristal soutenue par un groupe d'anges qui surmonte l'autel, puis le pavé en marbre violet dans lequel sont incrustées des étoiles de bronze doré. Tout cet ensemble donne au sanctuaire une beauté sévère et majestueuse, parfaitement conforme à sa destination. Entre les quatre arcs libres de la chapelle, s'élèvent des monuments en marbre blanc renfermant les restes des plus illustres princes de la maison de Savoie. J'y vois celui de la reine Marie-Clotilde, morte en odeur de sainteté en 1855.

J'allai visiter ensuite le sanctuaire célèbre de la *Consolata*. Il est formé, comme on peut en juger par l'aspect extérieur, de trois églises construites, à différentes époques et d'architectures diverses, sur une chapelle souterraine. Le chœur seul est antique : il date du X⁰ siècle. Des deux chapelles dont est composé le sanctuaire de Notre-Dame de la *Consolata*, la première est consacrée à saint André ; elle est de forme ovale, tandis que la seconde est hexagonale. La plus grande richesse y est accumulée et cela pour honorer dignement l'image miraculeuse de la Vierge qui y est renfermée. Cette pieuse relique du passé fut trouvée, d'après une légende, par un aveugle-né sur les ruines d'une église détruite vers l'an mil. A l'endroit même où eut lieu la précieuse trouvaille est une chapelle souterraine de la Madone des Grâces. Rien ne touche plus profondément le cœur que la vue de ces innombrables ex-votos qui montrent, en caractères d'or, la miraculeuse protection de la *Consolata*.

Au moment où j'y entrais, une foule immense, de

toute condition, de tout sexe, de tout âge, y était agenouillée et chantait les litanies de la Vierge avec des notes sublimes dans la voix. Le peuple italien goûte cet océan d'harmonie qui, passant et repassant à flot sur les dalles sacrées, enivre l'âme et fait couler de délicieuses larmes.

Il est doux à une chrétienne d'entendre chanter, sur une terre étrangère, les mêmes cantiques qu'elle chante dans la patrie. Il est vrai qu'elle n'est jamais sur une terre étrangère, partout où elle repose sa tête, l'Eglise catholique, sa mère, veille sur elle avec amour. Sa vie ne devrait être, comme à la *Consolata*, qu'une hymne de reconnaissance et d'action de grâce.

En continuant ma promenade par la rue *Nuova*, je me trouve bientôt sur la place du Château, *piazza Castello*, qui est située dans le plus beau quartier de la ville. Du milieu de cette grande place, la principale de Turin, on jouit d'un coup d'œil unique : quatre rues, les plus belles de la cité, se coupent ici à angles droits et partagent la ville entière, tandis que du centre on aperçoit les quatre portes. La *piazza Castello* doit son nom à l'un des plus étranges palais de Turin, le *palazzo Madama*, qui en occupe le centre. D'une structure imposante, il offre l'aspect d'un château et d'un palais, où se heurtent les styles les plus divers. Œuvre de différentes époques, il en affirme le caractère et porte en lui-même sa propre histoire. Il fut commencé dès le XIVe siècle par le duc Ludovic d'Acaga ; la façade, faite de marbre, à colonnes et piliers corinthiens, a été construite en 1718 par ordre de la duchesse Marie-Jeanne de Nemours, veuve de Charles-Emmanuel II, appelée Madame Royale ; de là provient son nom de *palazzo Madama*. C'est avec admiration que l'on regarde les statues colossales du fronton, les sculptures et les bas-reliefs qui encadrent la grande porte. Le double escalier à rampes symétriques est vraiment un des plus beaux qu'on puisse voir ; il conduit aux appartements où Charles-Albert s'est plu à réunir l'incomparable musée dont il a fait don à ses sujets. Cette galerie passe pour la plus riche d'Italie, en œuvres des écoles flamande et hollandaise. Les écoles italiennes y sont toutes réunies ; aussi voyons-nous l'école florentine briller avec Fra Angelico dans ses fameux tableaux de la « Vierge et l'Enfant-Jésus », un « Ange en adoration », tandis que Venise est représentée par Bellini, Véronèse, le Tintoret ; et Rome apparaît dans l'incomparable Raphaël. Je remarque également les travaux des artistes piémontais, surtout la « Déposition de la croix », de Gaudenzio Ferrari, qui apprit le grand art sous la direction de Raphaël. D'une piété ardente et un peu mystique, Ferrari a su donner une religieuse tristesse à cette douloureuse scène. C'est vraiment d'un haut style, d'une noble pensée, un chef-d'œuvre dans toute l'acception du mot.

Du côté nord de la *Piazza Castello*, se présente le Palais Royal, et, sur les autres côtés, une série d'édifices à l'architecture grandiose et parfaitement régulière, flanqués d'arcades sous lesquelles sont installés les plus beaux magasins de la ville.

En continuant d'explorer Turin, j'arrive à la place *Carlo Felice*, charmante avec sa plantation d'arbres, et de là je me trouve bientôt sur la *piazza di San*

Carlo, la plus magnifique et la plus régulière de Turin. Elle a la forme d'un rectangle, où viennent aboutir six rues parfaitement symétriques. Deux vastes palais en ornent les côtés latéraux. Deux églises, très jolies, celles de Saint-Charles et de Sainte-Christine, aux façades en style renaissance, relèvent singulièrement cette place dont le centre est décoré de la statue de bronze d'Emmanuel-Philibert, remettant son épée dans le fourreau.

Je longeai ensuite la belle rue du Pô, dont les vastes portiques servent de promenade favorite au monde élégant de Turin ; elle me conduisit au palais Valentino, dont j'admirai les jardins spacieux et les délicieux ombrages ; puis passant le pont, je me trouvai sur les rives du fleuve, au delà duquel je m'arrêtai pour contempler, sur une verte colline, le temple magnifique de la Grande *Madre di Dio*. Il produit un effet splendide ; sa forme rappelle celle du Panthéon, tandis que sa fondation proclame la pieuse gratitude de la ville de Turin envers la Reine des cieux, car ce temple est un ex-voto que les décurions de la cité élevèrent à Marie en reconnaissance du retour du roi Victor-Emmanuel Ier dans ses états héréditaires, lors de la chute de Napoléon Ier.

J'aperçus de loin le royal sanctuaire de la Soperga, qui s'élance noble et imposant au-dessus du plateau le plus élevé des montagnes. Cet élégant édifice religieux se présente comme une rotonde surmontée d'une puissante coupole, svelte dans sa majesté et ornée de deux gracieux clochers. Avec l'abbaye d'Hautecombe sur le lac du Bourget, la basilique de Soperga a l'honneur d'abriter le dernier repos des princes de Savoie.

Après avoir pris une idée générale de la ville de Turin, je me décidai à la quitter, pour retourner dans notre douce France. Le train glisse au milieu des riants villages du Piémont étagés entre les champs et les vergers dans une plaine fertile et bien cultivée ; puis il entre dans le grand silence et la majesté du paysage. C'est la région des forêts de sapins, des avalanches, des glaces et des torrents impétueux ; voici la petite ville de Suze, qui dort au fond de son vallon, abritée au pied d'énormes montagnes couronnées de neiges éblouissantes : le coup d'œil est ravissant.

Nous pénétrons bientôt sous le long tunnel, gloire de notre siècle, qui sépare l'Italie de la France. Le Mont Cenis ! C'est, pour nous, le commencement de la patrie bien-aimée, aussi la traversée se fait-elle joyeusement, quoique le cœur batte un peu plus fort lorsque le train augmente de vitesse dans ces galeries souterraines.

Après vingt-cinq minutes qui semblent un siècle, le tunnel est dépassé, nous sommes à Modane, ville frontière, où il faut subir les ennuis de la douane.

Nous montons avec joie dans des wagons français et entendons non sans plaisir parler notre belle langue.

Au delà du Mont Cenis, le décor est à peu près le même qu'en deçà du tunnel. Le chemin de fer s'engage dans une gorge étroite et pittoresque au-dessus de laquelle se dressent les Alpes aux cimes neigeuses, à demi noyées dans les vapeurs de l'horizon. La Savoie se déroule sous nos yeux, avec la souveraine beauté de sa nature grandiose. Nous filons rapidement devant Chambéry, Aix-les-Bains, et ne tardons pas à côtoyer le fameux lac du Bourget, chanté par Lamartine. Il forme un gracieux tableau. Sur les rives du lac se dressent à pic de hautes montagnes, qui plongent profondément dans le cristal bleuâtre et s'y mirent depuis leur sommet. Les rayons brillants du soleil sèment sur les flots des paillettes d'argent, tandis que de gros nuages, courant çà et là, accrochent leurs loques blanches aux découpures bizarres de la montagne. Celle-ci, comme une muraille sombre, tranche violemment sur le ciel, tout en laissant apercevoir à ses pieds, l'abbaye de Haute-Combe, séjour de paix et de prière, qui semble dormir au bord de ce lac paisible, séparé par lui du reste du monde. L'œil qui n'est plus ébloui par les neiges éternelles ou assombri par les noirs sapins, se repose avec bonheur sur cette eau bleue qu'entoure un rideau de verdure.

Quelle calme sérénité !... quelle vie heureuse on doit mener sur ses bords ! D'admirables vallées se succèdent ensuite avec rapidité ; voici Culoz, puis Bourg, Mâcon, Moulins et Montluçon. J'étais arrivée. Le sage a dit : « Tout ce qui finit est court. » ; et tout ce qui finit, aurait-il pu ajouter, est triste, même un doux et paisible pèlerinage à la Ville Eternelle. Mais c'est la vie, cela : un soupir à donner à ce qui fut, et un sourire à ce qui sera. Les voyages ne sont-ils pas des haltes qui reposent des fatigues ordinaires, qui ouvrent à l'intelligence des horizons nouveaux, rompent l'uniformité de tous les jours, affranchissent des tracas et occupations habituelles, font en un mot une heureuse diversion aux peines d'ici-bas. L'âme oublie dans la contemplation des beautés de la nature toutes les tristesses de la terre, et, phénomène particulier, elle se trouve au retour secrètement changée, se sent meilleure, plus grave, plus résolue à la tâche du travail intérieur, plus religieuse enfin, car elle a mieux compris Dieu en admirant ses œuvres.

Cher lecteur, faites-en l'expérience, et ma gerbe de fleurs aura produit ses fruits.

TABLE DES MATIÈRES

GERBE ROMAINE

	Pages
Les thermes de Dioclétien. — *Santa Maria degli Angeli*.	1
Le Capitole	8
Sainte-Marie des Monts. — Le pauvre de Jésus-Christ.	13
Les jeux de la place Navone.	19
Une messe à Saint-Pierre	28
Le palais Barberini. — Le cimetière des Capucins. — Saint-Laurent *in Lucina*.	35
Sainte-Françoise Romaine.	46
La villa Cœli-Montana	53
Un souvenir des premiers siècles : La basilique de *San Clemente*.	56
Le palais Massimi.	64
La maison de Pudens. — Sainte Pudentienne et sainte Praxède.	70
La France à Rome (Un souvenir de Saint-Louis des Français)	77
Les trésors du Transtévère	82
L'*Acqua Virgine* ou l'eau vierge de la fontaine Trévi.	93
Sainte-Croix de Jérusalem. — L'escalier du prétoire.	97
Le Latran et la fête de saint Jean-Baptiste	103
Une visite au *Cœlius* (les Trentains grégoriens).	110

	Pages
Santa Maria in Cosmedin et la *Bocca della Verita*. — *Santa Maria in Campitelli*	120
Un centenaire à Saint-Chrysogone	128
La vision du 3 mars 1898 à la chapelle Sixtine	132
Galerie Colonna. — Le sentier du Poussin	137
Le *Jesu*	143
Palais Doria Pamphili et *Santa Maria in Via Lata*	149
Une dernière promenade. — Les thermes de Caracalla. — Les *Colombaria*. — Les Catacombes	154

GERBE D'ITALIE

Naples, son golfe et ses environs (Sorrente, Pompéï, Salerne et Amalfi)	165
Sienne	184
Florence	193
Bologne et Padoue	205
Bella Venezia	216
Vérone	231
Milan	238
Turin	248

Moulins. — Imprimerie Etienne Auclaire.

www.ingramcontent.com/pod-product-compliance
Lightning Source LLC
Chambersburg PA
CBHW050655170426
43200CB00008B/1300